Lernen wir Deutsch! neu

ドイツ語を学ぼう！

改訂版

Takehiko Ishihara

Harz Minami

DOGAKUSHA Verlag

表紙デザイン：南 かやの

まえがき

　本書は、ドイツ語を初めて学ぶ方のために書かれた教科書です。本文は 10 課で構成されており、これに〈文法プラスα〉と〈文法補遺〉をあわせて、全体としてドイツ語技能検定 3 級レベルの文法事項を網羅しています。

　この教科書の最大の特徴は、ドイツ語作文の練習問題が充実している点です。これは、ドイツ語の文法理解を深めるためには、自分の力で文章を紡ぐ訓練が不可欠である、との考えに基づいています。文法の説明で用いられている例文や、空欄補充問題、並べかえ問題と密接な関係にあり、それらを参考に無理なく解けるように工夫されています。

　ドイツ語作文の練習問題にはヒントもたくさんついていますので、その見方について簡単に説明しておきます。

☆ 名詞と人称代名詞は基本的に 1 格の形を示しています。必要に応じて、冠詞類の有無、名詞の性と格を併記しています。

　私は教師（Lehrer 男 無冠詞）です。 ／ 今年の冬（dieser Winter 4格 で）、風邪をひきましたか。
　私たちは彼を（auf + er の 4格）持ちます。 ／ 車（das Auto）を使って（mit + 3格）

☆ 名詞の複数形は 複 と表しています。単数形の名詞は、冠詞類の形で判別できないものに限り性を示しています。

　ein Brief 男　der Onkel ／ ihre Mutter　die Frau ／ ein Buch 中　das Heft ／ die Blumen 複

☆ 前置詞句についてはそのままの形で使える場合もあります。

　週末（am Wochenende）、旅行します。仕事を（bei der Arbeit）手伝います。徒歩で（zu Fuß）行く。

　なお、録音音声は、アルファベート、発音 挨拶…、後半にまとめられたドイツ語の読み物の他に、空欄補充問題と並べかえ問題にもついています。答え合わせの際などにご活用ください。本書がドイツ語を学習するみなさまの助力となることを切に願っています。

　最後に本書を作成するにあたりお世話になりましたリタ・ブリールさんに心から感謝申し上げます。

2020 年　著者

改訂版に寄せて

　この度、より使いやすい教科書を目指して改訂版を出版することになりました。

　今回の改訂では、全体の構成に大きな変更はなく、「練習問題」と「読み物」の一部をより自然なドイツ語になるように書きかえ、文法補遺に「使役動詞」、「知覚動詞」、「現在分詞」、「過去分詞」、「形容詞の比較級　熟語表現」の項目を付け加えました。

　また、各課対応の「別冊練習問題集」を作成しました。日々の課題、まとめの小テストとしてぜひご活用ください。

2023 年　著者

目　　次

ドイツ語の Alphabet ［アルファベート］ 🎧 2

活字体	字　　名	発音	活字体	字　　名	発音
A a	[aː] アー	[a]	R r	[ɛr] エル	[r]
B b	[beː] ベー	[b]	S s	[ɛs] エス	[s]
C c	[tseː] ツェー	[ts]	T t	[teː] テー	[t]
D d	[deː] デー	[d]	U u	[uː] ウー	[u]
E e	[eː] エー	[e]	V v	[faʊ] ファオ	[f]
F f	[ɛf] エフ	[f]	W w	[veː] ヴェー	[v]
G g	[geː] ゲー	[g]	X x	[ɪks] イクス	[ks]
H h	[haː] ハー	[h]	Y y	[ˈʏpsilɔn] ユプスィロン	[ʏ]
I i	[iː] イー	[i]	Z z	[tsɛt] ツェット	[ts]
J j	[jɔt] ヨット	[j]			
K k	[kaː] カー	[k]			
L l	[ɛl] エル	[l]			
M m	[ɛm] エム	[m]	ß	[ɛs ˈtsɛt] エス・ツェット	[s]
N n	[ɛn] エン	[n]			
O o	[oː] オー	[o]	Ä ä	[aː ʊmlaʊt] アー・ウムラオト	[ɛː]
P p	[peː] ペー	[p]	Ö ö	[oː ʊmlaʊt] オー・ウムラオト	[øː]
Q q	[kuː] クー	[k]	Ü ü	[uː ʊmlaʊt] ウー・ウムラオト	[yː]

発音

◆ 発音の原則

☆ およそローマ字のような読み方になります。

☆ アクセントは最初の音節にあります。

☆ アクセントのある母音は、後ろに子音が 2 つ以上ある場合は短音になります。後ろに子音が 1 つ以下、あるいは h がある場合は長音になります（このとき h は発音しません）。

◆ 母音の発音 🎧₃

① 母音：**a, e, i, o, u**

a	[aː][a]	Name	名前	Mann	男の人	fahren	（乗り物で）行く
e	[eː][ɛ][ə]	Regen	雨	lernen	勉強する	nehmen	取る
i	[iː][ɪ]	Tiger*	トラ	Bitte	願い	ihn	彼を
o	[oː][ɔ]	Rose	バラ	kommen	来る	Ohr	耳
u	[uː][ʊ]	tun	する	dunkel	暗い	Uhr	時計

* 単語の語末の -r, -er は軽く「アー」と伸ばして発音します。

② 変母音：**ä, ö, ü**

ä [ɛː] は口を軽く開いて「エ」と発音します。日本語の「エ」に近い音になります。

ö [øː] は o [oː] の口の形のままで「エ」と発音します。

ü [yː] は u [uː] の口の形のままで「イ」と発音します。

ä	[ɛː][ɛ]	Träne	涙	Händel	ヘンデル（人名）	Nähe	近所
ö	[øː][œ]	hören	聞く	Köln	ケルン（地名）	Höhe	高さ
ü	[yː][ʏ]	Tür	ドア	fünf	5	kühl	涼しい

③ 重母音：**aa, ee, oo**　同じ母音が重なる場合は長音になります。

aa	[aː]	Paar	ペア	ee	[eː]	Tee	お茶	oo	[oː]	Zoo	動物園

④ 注意すべき母音：**au, ei, ie, eu, äu**

au	[aʊ]	Haus	家	kaufen	買う	Baum	木
ei	[aɪ]	eins	1	zwei	2	drei	3
ie	[iː]	vier	4	Bier	ビール	Liebe	愛
eu, äu	[ɔʏ]	Leute	人々	neun	9	Bäume	木々（複数）

◆ 子音の発音 🎧
4

① 注意すべき子音（英語と発音が異なります）

j [j]	Japan	日本	Junge	少年	
v [f]	Vater	父親	Volk	民衆	
w [v]	Wagen	自動車	wir	私たちは	
z [ts]	Zeit	時間	Zucker	砂糖	

s（あとに母音があるとき）[z]	sieben	7	Sohn	息子
s（あとに母音がないとき）[s]	Bus	バス	Maus	ネズミ

② 語末、音節末の **b, d, g**

b [p]	halb	半分	Herbst	秋
d [t]	Land	国	Geld	お金
g [k]	Tag	日	Berg	山

③ 子音の組み合わせによって発音が決まっているもの

ss / ß [s]	Klasse	クラス	Fuß	足

sch [ʃ]	Englisch	英語	Schule	学校
tsch [tʃ]	Deutsch	ドイツ語	tschüs	バイバイ

sp（語頭で）[ʃp]	spielen （英語：play）		Sport	スポーツ
st（語頭で）[ʃt]	Student	大学生	Straße	通り

ch（a, o, u, au のあとで）[x]	Bach	小川	Koch 料理人	Buch 本	auch ～もまた	
ch（上記以外で）[ç]	echt	本物の	ich 私は	durch ～を通って		

-ig [iç]	fleißig	一生懸命に	Leipzig	ライプツィヒ（地名）

chs / x [ks]	sechs	6	Taxi	タクシー

ng [ŋ]	Übung	練習	jung	若い		
dt / th [t]	Stadt	町	Thomas	トーマス（人名）		
ds / ts / tz [ts]	abends	晩に	nachts	夜に	jetzt	今
pf [pf] / qu [kv]	Apfel	リンゴ	Quelle	泉		

挨拶 🎧 5

Guten Morgen, Herr* Neumann !　　　　　おはようございます、Neumann さん。
Guten Tag, Frau** Meyer !　　　　　　　こんにちは、Meyer さん。
Guten Abend, Angela !　　　　　　　　　こんばんは、Angela。
Gute Nacht, Klaus !　　　　　　　　　　おやすみ、Klaus。

*Herr：男の人の苗字の前につけて「〜さん」 **Frau：女の人の苗字の前につけて「〜さん」

Hallo !　　　　　　　　　　　　　　　　やあ。
Grüß Gott !（南ドイツ、オーストリアで）　　　おはよう。／こんにちは。／こんばんは。

Danke ! / Danke schön ! / Vielen Dank !　　ありがとう（ございます）。
Bitte ! / Bitte schön !　　　　　　　　　どうぞ。／どういたしまして。

Entschuldigung ! / Verzeihung !　　　　　すみません。

Auf Wiedersehen !　　　　　　　　　　　さようなら。
Tschüs !　　　　　　　　　　　　　　　　バイバイ。
Bis morgen !　　　　　　　　　　　　　　また明日。

Freut mich !　　　　　　　　　　　　　　初めまして。

Wie geht es Ihnen? / Wie geht's dir?　　ごきげんいかがですか。
Danke gut. Und Ihnen / Und dir?　　　　ありがとう、元気です。あなたは／君は？
Danke, auch gut.　　　　　　　　　　　ありがとう、私も元気です。

季節 🎧 6

Frühling 春　　Sommer 夏　　Herbst 秋　　Winter 冬

月 🎧 7

Januar 1月　Februar 2月　März 3月　April 4月　Mai 5月　Juni 6月　Juli 7月
August 8月　September 9月　Oktober 10月　November 11月　Dezember 12月

曜日 🎧 8

Montag	月曜日	Dienstag	火曜日	Mittwoch	水曜日	Donnerstag	木曜日
Freitag	金曜日	Samstag	土曜日	Sonntag	日曜日		

基数 🎧 9

0	null	10	zehn	20	**zwan**zig
1	eins	11	elf	21	einund**zwan**zig
2	zwei	12	zwölf	22	zweiund**zwan**zig
3	drei	13	dreizehn	30	dreißig
4	vier	14	vierzehn	40	vierzig
5	fünf	15	fünfzehn	50	fünfzig
6	sechs	16	**sech**zehn	60	**sech**zig
7	sieben	17	**sieb**zehn	70	**sieb**zig
8	acht	18	achtzehn	80	achtzig
9	neun	19	neunzehn	90	neunzig

100 hundert   1000 tausend   10000 zehntausend

100000 hunderttausend   1000000 eine Million   2000000 zwei Millionen

序数 🎧 10

1.*	**erst**	6.	sechst	11.	elft	16.	sechzehnt	20. zwanzig**st**
2.	zwei**t**	7.	**siebt**	12.	zwölft	17.	siebzehnt	21. einundzwanzig**st**
3.	**dritt**	8.	**acht**	13.	dreizehnt	18.	achtzehnt	22. zweiundzwanzig**st**
4.	viert	9.	neunt	14.	vierzehnt	19.	neunzehnt	30. dreißig**st**
5.	fünf**t**	10.	zehnt	15.	fünfzehnt			31. einunddreißig**st**

* 序数は算用数字で表すときは数字の右下に点（.）をつけます。

西暦 🎧 11

西暦は、1100 年から 1999 年までは hundert（100）を入れます。

1871 年	achtzehn**hundert**einundsiebzig
1999 年	neunzehn**hundert**neunundneunzig
2001 年	zweitausendeins

「今日は 2023 年 9 月 28 日、土曜日です。」という場合、順序は日本語と逆になります。

Heute ist Samstag, der achtundzwanzigste September 2023

(zweitausenddreiundzwanzig).

第 1 課　動詞の現在人称変化　不規則動詞 sein「〜である、〜にいる」

✠　動詞の現在人称変化

ドイツ語の動詞は主語の人称に応じて形が変化します。変化する前の動詞の形、つまり動詞の原形のことを**不定詞**といい、辞書の見出し語にはこの形が載っています。

不定詞は「**語幹**」と「**語尾**」に分けられます。

不定詞　　lern - en　勉強する　　trink - en　飲む
　　　　　　語幹　　語尾　　　　　　語幹　　語尾

動詞は主語の人称に応じて語尾がさまざまに変化します。この変化した形を**定動詞**といいます。まずは主語になる人称代名詞とともにこの動詞の人称変化に慣れましょう。

*不定詞　**lernen**　勉強する*

	単数		複数	
1 人称	**ich** 私は	lerne	**wir** 私たちは	lernen
2 人称（親称）	**du** 君は	lernst	**ihr** 君たちは	lernt
3 人称	**er** 彼は **sie** 彼女は **es** それは	lernt	**sie** 彼らは 彼女たちは それらは	lernen
2 人称（敬称）	**Sie** あなたは	lernen	**Sie** あなたたちは	lernen

★わずかですが、語尾が -n の動詞もあります。→ 86 頁。

☆ ドイツ語の 2 人称には家族や友人など親しい間柄で用いられる親称の du「君は」／ ihr「君たちは」と、それほど親しくない間柄で用いられる敬称の Sie「あなたは、あなたたちは」（単複同形）があります。

☆ 敬称の Sie は頭文字を常に大文字にします。1 人称単数 ich「私は」は、英語と異なり文頭以外では小文字です。

ドイツ語には進行形がありません。現在形が現在進行形の意味を持つことがあります。文脈に応じて訳を工夫しましょう。

Übung（練習）**1**　不定詞を変化させて日本語の意味になるように作文しましょう。

1　lernen「勉強する／勉強している」

私は勉強する。　　Ich lerne.　　彼は勉強する。　＿＿＿＿＿＿＿

私たちは勉強する。　＿＿＿＿＿＿＿　君たちは勉強する。　＿＿＿＿＿＿＿

2　spielen「（球技などを）する、（楽器を）演奏する」

私はする。　＿＿＿＿＿＿＿　彼女はする。　＿＿＿＿＿＿＿

私たちはする。　＿＿＿＿＿＿＿　彼らはする。　＿＿＿＿＿＿＿

3　studieren「大学で学ぶ（専攻する）」

私は大学で学ぶ。　＿＿＿＿＿＿＿　君は大学で学ぶ。　＿＿＿＿＿＿＿

彼は大学で学ぶ。　＿＿＿＿＿＿＿　あなたは大学で学ぶ。　＿＿＿＿＿＿＿

4　trinken「飲む」

君は飲む。　＿＿＿＿＿＿＿　彼女は飲む。　＿＿＿＿＿＿＿

あなたは飲む。　＿＿＿＿＿＿＿　彼女たちは飲む。　＿＿＿＿＿＿＿

Übung **2**　不定詞を変化させて文を完成させましょう。🎧12

1　Ich ＿＿＿＿＿ jetzt* Deutsch**.　[lernen]　私は今、ドイツ語を勉強しているところです。

*jetzt「今」　**Deutsch「ドイツ語」

2　Du ＿＿＿＿＿ gut* Tennis.　[spielen]　君は上手にテニスをします。　*gut「上手に」

3　Ihr ＿＿＿＿＿ in Köln Wirtschaftswissenschaft*.　[studieren]

君たちはケルン（の大学）で経済学を専攻しています。　*Wirtschaftswissenschaft「経済学」

4　Wir ＿＿＿＿＿ gern* Kaffee.　[trinken]　*gern「好んで～する（～するのが好き）」

私たちは好んでコーヒーを飲みます（コーヒーを飲むのが好きです）。

◆ 語順①　平叙文の語順

ドイツ語の語順は英語と比べて自由です。

平叙文では定動詞が **2** 番目に置かれます。定動詞以外の語順は日本語とだいたい同じです。

| Ich | **studiere** in* Berlin Jura**. | 私はベルリンの大学で法学を専攻しています。 |

*in [前置詞]「～（地名／国名）の中で」　**Jura「法学」

| Jura | **studiere** ich in Berlin. | 法学を私はベルリンの大学で専攻しています。 |
| In Berlin | **studiere** ich Jura. | ベルリンの大学で私は法学を専攻しています。 |

Übung 3   *Übung 2* を参考に日本語の語順に合わせてドイツ語にしましょう。

1 君は今、英語（Englisch）を勉強しています。

    Du _____

2 スペイン語（Spanisch）を私たちは今、勉強しています。

    Spanisch _____

3 彼女は上手にピアノ（Klavier）を演奏しています。

    _____

4 サッカー（Fußball）を君たちは上手にします。

    _____

5 君はハンブルクの大学で（in Hamburg）音楽（Musik）を専攻しています。

    _____

6 ベルリンの大学で（in Berlin）彼は法学（Jura）を専攻しています。

    _____

7 彼らは好んでワイン（Wein）を飲みます（ワインを飲むのが好きです）。

    _____

8 お茶（Tee）を私は好んで飲みます（飲むのが好きです）。

    _____

◆ 新しい動詞を覚えましょう。

Übung 4   次の動詞の現在人称変化表を完成させましょう。

不定詞	kommen	wohnen	reisen	heißen	arbeiten
意味	来る	住んでいる	旅行する	～という名前である	働く
ich					
du					
er, sie, es					
wir					
ihr					
sie					
Sie					

☆ reisen「旅行する」、heißen「～という名前である」のように動詞の語幹の末尾が -s, -ss, -ß, -z, -tz などの場合、主語が du のとき、語尾 -st の s が脱落します。　du reist / du heißt

☆ arbeiten「働く」、finden「見つける」のように動詞の語幹の末尾が -d, -t などの場合、主語が du, er / sie（彼女は）/ es, ihr のとき、語尾の前に e を入れます。

   du arbeit**est**　er arbeit**et**　ihr arbeit**et**　/　du find**est**　er find**et**　ihr find**et**

Übung 5　不定詞を変化させて文を完成させましょう。🎧 13

1　Ich .... aus* Köln.　　　　　[kommen]　　　私はケルンから来ています（出身です）。

*aus [前置詞]「～（地名／国名）から」

2　Wir .... jetzt in Berlin.　　　[wohnen]　　　私たちは今、ベルリンに住んでいます。

3　Du .... oft* nach** München.　[reisen]　　　君はよくミュンヘンへ旅行します。

*oft「しばしば、よく」　**nach [前置詞]「～（地名／国名）へ」

4　Du .... Hans.　　　　　　　[heißen]　　　君の名前は Hans です。

5　Klaus .... fleißig* in Japan.　[arbeiten]　　Klaus は一生懸命に日本で働いています。

*fleißig「一生懸命に」

Übung 6　*Übung* 5 を参考に日本語の語順に合わせてドイツ語にしましょう。

1　Klaus と（und）Sara はケルンから来ています（ケルンの出身です）。

　　Klaus und Sara

2　今、彼らはフランクフルト（Frankfurt）に住んでいます。

　　Jetzt

3　よく君はウィーン（Wien）へ旅行します。

4　彼の名前は Thomas です。君の名前は Peter です。

5　ドルトムント（Dortmund）で君たちは一生懸命に働いています。

◆ 語順②　「はい」、「いいえ」で答えることのできる疑問文

「はい」、「いいえ」で答えることのできる疑問文では定動詞は文頭に置かれます。

Kommst du aus Wien?　　　　　　　　君はウィーンの出身ですか。

答え方は **ja**「はい」と **nein**「いいえ」を用います。ドイツ語には英語の *"yes, I do"* や *"no, I don't"* のような文の省略形がありません。　　　　　　　　　　　　　　★否定疑問文の答え方→ 87 頁

Ja, ich komme aus Wien.　　　　　　　はい、私はウィーンの出身です。

nein で答える場合には正しい答えを後に続けるか、**nicht** を用いて否定文にします。

★否定文の作り方→ 86 頁

Nein, ich komme aus München.　　　　いいえ、私はミュンヘンの出身です。

Nein, ich komme **nicht** aus Wien.　　いいえ、私はウィーンの出身ではありません。

Übung 7　ドイツ語にしましょう。

1　あなたは今、フランス語（Französisch）を勉強していますか。いいえ、私は今、日本語（Japanisch）を勉強しています。

_____

2　Maria はミルク（Milch）を飲むのが好きですか。はい、彼女はミルクを飲むのが好きです。

_____

3　Alex は上手にギター（Gitarre）を演奏しますか。いいえ、彼は上手にピアノを演奏します。

_____

4　君たちは一生懸命に働いていますか。いいえ、私たちはそれほど一生懸命に（nicht so fleißig）働いていません。

_____

5　君はよく京都（Kioto）へ旅行しますか。はい、私はよく京都へ旅行します。

_____

◆ 語順③　疑問詞を用いた疑問文

疑問詞を用いた疑問文では、**文頭に疑問詞**、**2 番目に定動詞**が置かれます。

Was studierst du in Berlin?　　　— Ich studiere in Berlin Wirtschaftswissenschaft.

　　君はベルリンの大学で何を専攻しているのですか。　私はベルリンの大学で経済学を専攻しています。

疑問詞には次のものがあります。

was 何	**wer** 誰が	**wo** どこで	**woher** どこから	**wohin** どこへ
wann いつ	**wie** どのように	**warum** なぜ		

Übung 8　ドイツ語にしましょう。さらに［　　］の語を使って答えましょう。

1　Maria は東京（Tokio）の大学で**何を**専攻していますか。　　　　［Japanologie 日本（文）学］

_____

2　君たちは**何を**一生懸命に勉強していますか。　　　　　　　　　　［Italienisch］

_____

3　あなたたちは**何を**飲むのが好きですか（好んで飲みますか）。　　［Bier］

_____

4　あなたは今、**どこに**住んでいますか。　　　　　　　　　　　　　［in Heidelberg］

_____

5　Thomas は**どこから**来ましたか（出身ですか）。　　　　　　　　［aus Augsburg］

_____

10

6 君はよくどこへ旅行しますか。　　[nach Leipzig]

_____

7 君は何という名前ですか。*　　[Uwe]　　　　　　　　　　*was ではなく wie を使います。

_____

8 あなたは何をする（machen）のが好きですか（好んでしますか）。　　[Musik hören 音楽を聴く]

_____

第1課

✣ *不規則動詞 sein*「～である、～にいる」

sein は英語の *be* 動詞に相当し、不規則に変化します。

sein の現在人称変化

ich	**bin**	wir	**sind**
du	**bist**	ihr	**seid**
er, sie, es	**ist**	sie / Sie	**sind**

Übung 9　sein を変化させて文を完成させましょう。完成した文を訳しましょう。🎧14

1 .... du Japaner? ─ Nein, ich .... Deutscher.

2 .... sie（彼女）Japanerin? ─ Nein, sie .... auch* Deutsche.　* auch「～も」

3 Was .... ihr von Beruf*?　　　　　　　* von Beruf「職業に関しては」
　─ Ich .... Lehrerin und er .... auch Lehrer.

4 Du .... sehr* jung**, aber*** Klaus .... alt****.
　　　　* sehr「とても」 ** jung「若い」 *** aber「しかし」 **** alt「年をとった」

5 Ich .... nicht krank*, sondern** sehr gesund***.
　　　* krank「病気の」 ** nicht A sondern B「A ではなく B である」 *** gesund「健康な」

6 Wo .... Sie jetzt? ─ Wir .... jetzt in Augsburg.

┌───┐
身分、職業、国籍を表す名詞　　女性の場合は語末に -in をつけます

Arzt	男性医師	Ärztin	女性医師	Japaner	日本人男性	Japanerin	日本人女性
Kellner	ウェイター	Kellnerin	ウェイトレス	Lehrer	男性教師	Lehrerin	女性教師
Musiker	男性音楽家	Musikerin	女性音楽家	Professor	男性教授	Professorin	女性教授
Schüler	男子生徒	Schülerin	女子生徒	Student	男子大学生	Studentin	女子大学生

例外：Deutscher　ドイツ人男性　　Deutsche　ドイツ人女性
└───┘

名詞と名詞の性　定冠詞と不定冠詞
不規則動詞 haben「〜を持っている」

✿ 名詞と名詞の性

ドイツ語では固有名詞だけでなく普通名詞も頭文字を常に大文字にします。

ドイツ語の名詞には文法上の性があります。すべての名詞は男性、女性、中性のいずれかの性に分類されます。わずかですが複数形しかない名詞もあります。

辞書などでは名詞の性は次のように表記されています。

　　男性名詞：男 / m.　　女性名詞：女 / f.　　中性名詞：中 / n.　　複数名詞：複 / pl.

名詞の性は冠詞の形の違いによって表されます。基本となるのは定冠詞「その〜（英語：*the*）」です。名詞は定冠詞をつけて意味と性をいっしょに覚えるようにしましょう。

　　男性名詞 **der**　　　女性名詞 **die**　　　中性名詞 **das**　　　複数名詞 **die***

　　　　　　　　　　* 名詞は複数になると性に関わりなく、定冠詞はすべて die になります→ 24 頁

◆ 覚えておきたい名詞

男性名詞：der Herr 紳士　　Mann 男の人、夫　　Onkel おじ　　Schriftsteller 作家
　　　　　Sohn 息子　　Vater 父親　　Bleistift 鉛筆　　Brief 手紙　　Hund 犬
　　　　　Kugelschreiber ボールペン　　Tisch 机、テーブル
女性名詞：die Dame 婦人　　Frau 女の人、妻　　Mutter 母親　　Tochter 娘
　　　　　Tante おば　　Blume 花　　CD CD　　Katze 猫　　Postkarte はがき
　　　　　Tasche バッグ　　Zeitung 新聞
中性名詞：das Baby 赤ん坊　　Kind 子ども　　Mädchen 少女　　Auto 自動車
　　　　　Buch 本　　Foto 写真　　Heft ノート　　Hemd シャツ　　Konzert コンサート
　　　　　Ticket チケット　　Tier 動物
複数名詞：die Eltern 両親　　Leute 人々

✿ 定冠詞と不定冠詞

◆ 定冠詞のついた名詞の格変化

「格」とは文中で名詞が果たす役割のことで、日本語の助詞（が [は]、の、に、を）に近い働きをします。ドイツ語には 4 つの格があり、冠詞は格によっても変化します。

定冠詞のついた名詞の格変化

	男性	女性	中性	複数
	その男の人	その女の人	その少女	それらの人々
1格（〜が）	**der** Mann	**die** Frau	**das** Mädchen	**die** Leute
2格（〜の）	**des** Mann(e)s	**der** Frau	**des** Mädchens	**der** Leute
3格（〜に）	**dem** Mann	**der** Frau	**dem** Mädchen	**den** Leuten
4格（〜を）	**den** Mann	**die** Frau	**das** Mädchen	**die** Leute

☆ 男性2格と中性2格では名詞の語末に **-s(-es)** をつけます。複数3格では名詞の語末に **-n** をつけます。

Übung 1　次の名詞を2格から4格まで格変化させましょう。

	その父親	その母親	その子ども
1格	der Vater 男	die Mutter 女	das Kind 中
2格	_____	_____	_____
3格	_____	_____	_____
4格	_____	_____	_____

	その机	そのバッグ	その自動車
1格	der Tisch 男	die Tasche 女	das Auto 中
2格	_____	_____	_____
3格	_____	_____	_____
4格	_____	_____	_____

◆ 不定冠詞のついた名詞の格変化

ein は、不特定な人や物を表すときに用いられ、英語の不定冠詞 *a(an)* に相当します。「1つの」、「1人の」、「ある」の意味になります。

不定冠詞のついた名詞の格変化

	男性	女性	中性
	1匹の犬	1匹の猫	1匹の動物
1格（〜が）	**ein** Hund	**eine** Katze	**ein** Tier
2格（〜の）	**eines** Hund(e)s	**einer** Katze	**eines** Tier(e)s
3格（〜に）	**einem** Hund	**einer** Katze	**einem** Tier
4格（〜を）	**einen** Hund	**eine** Katze	**ein** Tier

☆ 男性2格と中性2格では名詞の語末に **-s(-es)** をつけます。

13

Übung **2**　次の名詞を 2 格から 4 格まで格変化させましょう。

	ある男の人	ある女の人	ある少女
1 格	ein Mann 男	eine Frau 女	ein Mädchen 中
2 格	＿＿＿＿＿＿＿＿	＿＿＿＿＿＿＿＿	＿＿＿＿＿＿＿＿
3 格	＿＿＿＿＿＿＿＿	＿＿＿＿＿＿＿＿	＿＿＿＿＿＿＿＿
4 格	＿＿＿＿＿＿＿＿	＿＿＿＿＿＿＿＿	＿＿＿＿＿＿＿＿

	1 本のボールペン	1 枚のはがき	1 冊のノート
1 格	ein Kugelschreiber 男	eine Postkarte 女	ein Heft 中
2 格	＿＿＿＿＿＿＿＿	＿＿＿＿＿＿＿＿	＿＿＿＿＿＿＿＿
3 格	＿＿＿＿＿＿＿＿	＿＿＿＿＿＿＿＿	＿＿＿＿＿＿＿＿
4 格	＿＿＿＿＿＿＿＿	＿＿＿＿＿＿＿＿	＿＿＿＿＿＿＿＿

◆ 格の働きと動詞の格支配

① 1 格は主に主語の働きをします。

② 4 格は動詞の目的語になります。日本語に訳すと「〜を」になることが多いです。

Der Mann wohnt hier.
男性 1 格
その男の人はここに住んでいます。

Eine Frau liebt **den** Mann.
女性 1 格　　　　　男性 4 格
ある女の人がその男の人を愛しています。

Ein Mann kennt **die** Frau.
男性 1 格　　　　女性 4 格
ある男の人がその女の人を知っています。

4 格の目的語と用いられる動詞には次のようなものがあります。

besuchen …4 格を訪ねる　　finden …4 格を〜（形容詞）と思う

kaufen …4 格を買う　　kennen …4 格を知っている　　lieben …4 格を愛する

Übung **3**　定冠詞の語尾を入れましょう。🎧
15

1　D＿＿ Mutter liebt d＿＿ Kind.　　　　　　その母親はその子どもを愛しています。

2　D＿＿ Vater kauft d＿＿ Tisch und d＿＿ Tasche.　その父親はその机とそのバッグを買います。

3　Ich finde d＿＿ Auto teuer*.　　　　　　私はその車を高いと思います。　　*teuer「値段が高い」

4　Wir kennen d＿＿ Japaner nicht.　　　　　私たちはその日本人男性を知りません。

5　D＿＿ Lehrer besucht d＿＿ Schülerin.　　　その男性教師はその女子生徒を訪ねます。

14

Übung 4　不定冠詞の語尾を入れましょう。不要な場合は×を入れましょう。🎧 16

1 Die Frau liebt ein........... Kind.　　　　　　　その女の人はある子どもを愛しています。

2 Die Studentin kauft ein........... Kugelschreiber, ein........... Postkarte und ein........... Heft.
その女子大学生はボールペン1本とはがき1枚とノート1冊を買います。

3 Ein........... Mann findet das Ticket billig*.　　　　　　　*billig「値段が安い」
ある男の人がそのチケットを安いと思っています。

4 Ich kenne ein........... Mädchen.　　　　　　　私はある少女を知っています。

5 Der Lehrer besucht ein........... Schüler.　　　　　　　その男性教師はある男子生徒を訪ねます。

③ 3格は動詞や形容詞の目的語になります。日本語に訳すと「～に」になることが多いです。

Er dankt **dem** Lehrer / **einer** Frau.　　　彼はその男性教師／ある女の人に感謝します。
　　　　　　男性3格　　　　女性3格

3格の目的語と用いられる動詞、形容詞には次のようなものがあります。

antworten …3格に答える　　danken …3格に感謝する　　gehören …3格のものである
ähnlich [形容詞] …3格に似ている

Übung 5　冠詞の語尾を入れましょう。語尾が不要の場合は×を入れましょう。🎧 17

1 Die Studentin dankt d........... Professor herzlich.　その女子大学生はその男性教授に心から感謝します。

2 Ein Student antwortet d........... Professorin.　　ある男子大学生がその女性教授に答えます。

3 Das Auto gehört ein........... Arzt.　　その自動車はある男性医師のものです。

4 Sie ist ein........... Musikerin ähnlich.　　彼女はある女性音楽家に似ています。

Übung 6　*Übung* 5 を参考にドイツ語にしましょう。

1 その男子大学生（Student 男）はある女性教授（Professorin 女）に心から感謝します。

_____

2 ある女子大学生（Studentin 女）がその男性教授（Professor 男）に答えます。

_____

3 そのバッグ（Tasche 女）はある女性医師（Ärztin 女）のものです。

_____

4 彼はその男性音楽家（Musiker 男）に似ています。

_____

④ 2 格は所有の意味を表し、後ろから前の名詞を修飾します。

das Haus des Freundes　その男友達の家　　**die Mutter einer Freundin**　ある女友達の母親
　　　　　　　男性2格　　　　　　　　　　　　　　　　　　女性2格

Übung 7　2格の名詞を入れましょう。

1　あるコンサート（Konzert 田）のチケット　　　　2　ある女子生徒（Schülerin 女）の母親

　das Ticket ＿＿＿＿＿＿＿＿＿＿　　　　　　　　die Mutter ＿＿＿＿＿＿＿＿＿＿

3　その動物（Tier 田）の1枚の写真　　　　　　　4　その作家（Schriftsteller 男）の本

　ein Foto ＿＿＿＿＿＿＿＿＿＿　　　　　　　　das Buch ＿＿＿＿＿＿＿＿＿＿

⑤ 2つの目的語（3格目的語と4格目的語）と用いられる動詞

　2つの目的語と用いられる動詞の場合、ふつう「…3格に…4格を」の語順になります。

Der Kellner bringt der Dame　eine Tasse Kaffee*.　　*eine Tasse…「カップ1杯の〜」
　　　　　　　　　　　女性3格　　　　女性4格
そのウェイターはその婦人にカップ1杯のコーヒーを持ってきます。

　3格と4格の目的語と用いられる動詞には次のようなものがあります。

bringen　…3格に…4格を持ってくる　　　　　kaufen　　…3格に…4格を買ってあげる

schenken　…3格に…4格をプレゼントする　　　schreiben　…3格に…4格を書く

zeigen　　…3格に…4格を見せる

Übung 8　冠詞の語尾を入れましょう。語尾が不要の場合は×を入れましょう。🎧
18

1　Die Kellnerin bringt d......... Mann ein......... Tasse Tee.
　　そのウェイトレスがその男の人にカップ1杯のお茶を運んできます。

2　Die Mutter kauft d......... Tochter ein......... CD.
　　その母親はその娘に1枚のCDを買ってあげます。

3　Der Herr schenkt d......... Dame ein......... Blume.
　　その紳士はその婦人に1輪の花をプレゼントします。

4　Die Eltern schreiben d......... Onkel ein......... Brief.
　　その両親はその叔父に1通の手紙を書きます。

5　Der Sohn zeigt d......... Tante ein......... Foto des Tiers.
　　その息子はその叔母に動物の写真を1枚見せます。

Übung 9   *Übung* 8 を参考にドイツ語にしましょう。

1 そのウェイター（Kellner 男）はその婦人（Dame 女）にグラス 1 杯のワイン（ein Glas 田 Wein）を運んできます。

_____

2 その父親（Vater 男）は何を（was）その息子（Sohn 男）に買ってあげますか。

_____

3 その少女（Mädchen 田）はその子ども（Kind 田）に 1 本の鉛筆（Bleistift 男）をプレゼントします。

_____

4 その両親（Eltern 複）はそのおば（Tante 女）に 1 通のはがき（Postkarte 女）を書きます。

_____

5 その娘（Tochter 女）はそのおじ（Onkel 男）にその赤ちゃん（Baby 田）の写真を 1 枚見せます。

_____

�֎ 不規則動詞 haben「～を持っている」

haben は英語の *have* に相当し、不規則に変化します。

haben の現在人称変化

ich	habe	wir	haben
du	**hast**	ihr	habt
er, sie, es	**hat**	sie / Sie	haben

Übung 10   haben を変化させ文を完成させましょう。完成した文を訳しましょう。 🎧
19

1 Er .... vielleicht* Fieber**.   *vielleicht「もしかしたら～かもしれない」 **Fieber「熱」

2 .... du Hunger*? — Nein, ich .... Durst**.   *Hunger「空腹」 **Durst「喉の渇き」

3 .... ihr noch* Zeit**? — Ja, wir .... noch Zeit.   *noch「まだ」 **Zeit「時間」

4 Frau Meyer .... nur* einen Hund.   *nur「～しかない」

5 .... Sie ein Foto der Familie*?   *Familie「家族」

✿ 語幹の母音が変化する不規則動詞

haben / sein のほかにも不規則に人称変化する動詞が多数あります。不規則といっても、語幹の母音がパターンにしたがって変化する場合がほとんどです。変化のタイプは 3 つあります。また werden「〜になる」と wissen「知っている」は特殊な変化をするので個別に覚えましょう。

	a → ä	e → i	e → ie
	fahren	helfen	sehen
	（乗り物で）行く	手伝う	見る
ich	fahre	helfe	sehe
du	fährst	hilfst	siehst
er, sie, es	fährt	hilft	sieht
wir	fahren	helfen	sehen
ihr	fahrt	helft	seht
sie / Sie	fahren	helfen	sehen

	werden	wissen
	〜になる	知っている
ich	werde	**weiß**
du	**wirst**	**weißt**
er, sie, es	**wird**	**weiß**
wir	werden	wissen
ihr	werdet	wisst
sie / Sie	werden	wissen

特殊な動詞の変化は、辞書や本書巻末の「不規則動詞変化表」で確認することができます。

Übung 1　　不規則動詞の現在人称変化表を完成させましょう。

不定詞	schlafen	tragen	fallen	essen
意味	眠っている	身につけている	落ちる	食べる
ich				
du				
er, sie, es				
wir				
ihr				
sie / Sie				

不定詞	geben	sprechen	lesen	nehmen*
意味	与える	話す	読む	とる
ich				
du				
er, sie, es				
wir				
ihr				
sie / Sie				

*nehmen は子音も変化するので「不規則動詞変化表」で確認して下さい。

Übung 2　不定詞を変化させて文を完成させましょう。🎧
20

1 Der Porsche .... sehr schnell*. ［fahren］　　　*sehr schnell「とても速く」
　 そのポルシェはとても速く走ります。

2 .... du die Frau dort*? ［sehen］　君はあそこにいる女性が見えますか。　　*dort「あそこに」

3 Der Sohn .... dem Vater. ［helfen*］　息子は父親を手伝います。　*helfen「…3格を手伝う」

4 Er .... einen Apfelkuchen und eine Tasse Kaffee. ［nehmen］
　 彼はリンゴケーキを 1 つと 1 杯のコーヒーにします。

5 Du .... immer* eine Brille**. ［tragen］　　　*immer「いつも」　**Brille「めがね」
　 君はいつも眼鏡をかけています。

6 Das Hemd hier .... dem Mann sehr. ［gefallen*］　*gefallen「…3格が…1格を気に入る」
　 その男の人はここにあるシャツをとても気に入っています。　　　人称変化は fallen に準じます。

7 Das Wetter .... bald schön. ［werden］　天気はまもなく良くなります。

Übung 3　_Übung_ 2 を参考にドイツ語にしましょう。

1 そのフォルクスワーゲン (der Volkswagen) はそれほど速く (nicht so schnell) 走りません。

_____

2 君はあそこにある車が (das Auto dort の4格) 見えますか。

_____

3 Thomas は男友達を (der Freund の3格) 勉強の際に (beim Lernen) 手伝います。

_____

4 君は毎日 (jeden Tag)、タクシーに (ein Taxi 田の4格) 乗る (nehmen) のですか。

_____

5 彼はいつもスーツ (ein Anzug 男) を着ています (tragen)。

_____

6 その女の人は (die Frau の3格) そのめがねを気に入っています。

_____

7 将来 (später)、私は教師 (無冠詞) になります。君は将来、何になりますか。

_____

Übung 4　不定詞を変化させて文を完成させましょう。完成した文を訳しましょう。🎧
21

1 Du .... sehr gut Japanisch. ［sprechen］

2 Das Baby .... noch tief*. ［schlafen］　　　　　　　　　　*tief「深く」

3 Was .... du zu Mittag? ［essen］　　　　　　　　　*zu Mittag「昼に」

4 Der Tochter .... die Mutter dreißig Euro Taschengeld*. ［geben］
　　　　　　　　　　　　　　*dreißig Euro Taschengeld「30 ユーロのおこづかい」

5 .... Simon jeden Morgen* die Zeitung**? ［lesen］*jeden Morgen「毎朝」　**Zeitung「新聞」

6 .... du das*? — Nein, ich .... das nicht. ［wissen］　　*das「そのことを」

19

✻ 命令形

ドイツ語の命令形は 3 タイプあります。相手が du で表せる場合、ihr で表せる場合、Sie で表せる場合で形が異なります。

		kommen	warten
du に対して：語幹＋(e)!		Komm(e)!	Warte hier!
ihr に対して：語幹＋t!		Kommt!	Wartet hier!
Sie に対して：語幹＋en Sie!		Kommen Sie! 来て下さい。	Warten Sie hier! ここで待っていて下さい。

☆ du に対する命令形の語尾 -e は話し言葉ではふつう省略されますが、動詞の語幹の末尾が -d, -t などの場合はこの -e は省略されません。

☆ Sie に対する命令は、主語の Sie が必要です（疑問文と同じ形です）。

bitte「どうぞ」を文の最初、文の中ほど、文末のいずれかに置くと丁寧な表現になります。

Bitte(,) fahr* nicht so schnell! ／ Fahrt **bitte** nicht so schnell!

Fahren Sie nicht so schnell(,) **bitte**!   *fahren には「運転する」の意味もあります。

どうかそんなにスピードを出さないで下さい。

主語が du のときに語幹の母音 e が i / ie に変化する動詞では、du に対する命令形でもやはり母音が変化します。この場合、語尾に -e はつきません。

	helfen（du hilfst）	sehen（du siehst）	nehmen（du nimmst）
du に対して	Hilf der Mutter!	Sieh mal!	**Nimm** hier Platz*!
ihr に対して	Helft der Mutter!	Seht mal!	Nehmt hier Platz!
Sie に対して	Helfen Sie der Mutter! 母を手伝って下さい。	Sehen Sie mal! ちょっと見て下さい。	Nehmen Sie hier Platz! ここに座って下さい。

*Platz nehmen「座る」

sein の命令形は特別な形になります。

du に対して	**Sei**!
ihr に対して	**Seid**!
Sie に対して	**Seien Sie**!

Übung 5　不定詞を命令形にして文を完成させましょう。🎧 22

1　Petra und Maria, ... mal !　　　　[kommen]　　Petra と Maria、ちょっと来て。

2　Uwe, ... hier bitte !　　　　[warten]　　Uwe、どうかここで待っていてね。

3　.................... nicht so schnell, Hans !　　　　[fahren]　　Hans、そんなにスピードを出さないで。

4　Klaus, ... dem Mädchen beim Lernen !　　　[helfen]
　　Klaus, その少女の勉強を手伝ってあげて。

5　Du*, ... den Turm dort !　　　　[sehen]　　ねえ、あそこの塔を見て。
　　　　　　　　　　　　　　　　　　　　　　　*du「ねえ（親しい相手に対する呼びかけ）」

6　Alex, ... ein Taxi !　　　　[nehmen]　　Alex、タクシーを使いなさい。

7　.................... nett zu Andrea bitte, Simon und Christian !　[sein]
　　どうか Andrea にやさしくしてね、Simon と Christian。

8　Herr Neumann, ... Sie vorsichtig !　[sein]　　Neumann さん、気をつけて下さい。

Übung 6　du, ihr, Sie に対する命令文を作りましょう。

1　一生懸命に（fleißig）働きなさい（arbeiten）。

　（du に対して）_____

　（ihr に対して）_____

　（Sie に対して）_____

2　そんなに速く（so schnell）食べては（essen）いけません。

　（du に対して）_____

　（ihr に対して）_____

　（Sie に対して）_____

3　その子ども（das Kind）にチャンス（eine Chance）を与えて下さい（geben）。

　（du に対して）_____

　（ihr に対して）_____

　（Sie に対して）_____

4　どうか（bitte）静かに（ruhig）して下さい（sein）。

　（du に対して）_____

　（ihr に対して）_____

　（Sie に対して）_____

❈　人称代名詞

定冠詞や不定冠詞と同じように人称代名詞も 1 格から 4 格まで格変化します。ただし 2 格の人称代名詞は
あまり使われないため、本書では省略します。

人称代名詞の格変化

		1人称	2人称 （親称）	3人称			2人称 （敬称）
				男	女	中	
単数	1格	ich	du	er	sie	es	Sie
	3格	mir	dir	ihm	ihr	ihm	Ihnen
	4格	mich	dich	ihn	sie	es	Sie
複数	1格	wir	ihr	sie			Sie
	3格	uns	euch	ihnen			Ihnen
	4格	uns	euch	sie			Sie

☆ 3人称の人称代名詞は、er は男性名詞を、単数の sie は女性名詞を、es は中性名詞を、複数の sie は複数形の名詞を表します。

Übung 7　人称代名詞を入れましょう。🎧 23

1　Wir danken .... herzlich.　　　　　　　私たちは**君たち**に心から感謝します。

2　Ich liebe .... und du liebst ....　　私は**君**を愛しているし、君も**私**を愛しています。

3　Er schenkt .... einen Rock. Sie findet .... sehr schick.
　　彼は**彼女に**スカートをプレゼントします。彼女は**それを**とてもシックだと思います。

4　Das Fahrrad dort gehört .... Das Motorrad hier gehört ....
　　あそこにある自転車は**あなたたち**のものです。ここにあるオートバイは**私たち**のものです。

5　Er fragt* ...., aber sie antwortet .... nicht.　　*fragen「…4格に尋ねる」
　　彼は**彼女に**（4格）質問しますが、彼女は**彼**に答えません。

6　Das Mädchen hilft .... immer.　　　　その少女はいつも**私**を手伝ってくれます。

7　Herr und Frau Schneider grüßen* .... sehr selten**.　　*grüßen「…4格に挨拶する」
　　Schneider 夫妻はめったに**私たちに**（4格）挨拶しません。　　**selten「めったに～ない」

◆ 人称代名詞の語順

Ich schreibe dem Freund eine Postkarte.　　私はその男友達にはがきを書きます。
　　　　　　　男性3格　　　女性4格

名詞と人称代名詞が並ぶ場合，格に関係なく〈人称代名詞 – 名詞〉の順になります。

Ich schreibe ihm（男性3格）eine Postkarte.　　私は彼にはがきを書きます。
Ich schreibe sie（女性4格）dem Freund.　　　私はそれをその男友達に書きます。

3格と4格の人称代名詞が並ぶ場合は〈4格 – 3格〉の順になります。

Ich schreibe sie ihm.　　　　　　　　　　私はそれを彼に書きます。

Übung 8　日本語に合わせて書きかえましょう。

1　Er schenkt 　<u>der Freundin</u>　<u>einen Ring.</u>　　　　　彼はその女友達に指輪をプレゼントします。
　　　　　　　　　女性 3 格　　　　男性 4 格

　　Er schenkt 　................................　................................．　　　彼は**彼女**に指輪をプレゼントします。
　　Er schenkt 　................................　................................．　　　彼は**それ**をその女友達にプレゼントします。
　　Er schenkt 　................................　................................．　　　彼は**それ**を**彼女**にプレゼントします。

2　Sie kauft 　<u>dem Sohn</u>　<u>ein Heft.</u>　　　　　　彼女は息子に 1 冊のノートを買ってあげます。
　　　　　　　　　男性 3 格　　　中性 4 格

　　Sie kauft 　................................　................................．　　　彼女は**彼**に 1 冊のノートを買ってあげます。
　　Sie kauft 　................................　................................．　　　彼女は**それ**を息子に買ってあげます。
　　Sie kauft 　................................　................................．　　　彼女は**それ**を**彼**に買ってあげます。

3　Ich zeige 　<u>dem Mädchen</u>　<u>eine Karte.</u>　　　　私はその少女に 1 枚のカードを見せます。
　　　　　　　　　中性 3 格　　　　女性 4 格

　　Ich zeige 　................................　................................．　　　私は**彼女**に 1 枚のカードを見せます。
　　Ich zeige 　................................　................................．　　　私は**それ**をその少女に見せます。
　　Ich zeige 　................................　................................．　　　私は**それ**を**彼女**に見せます。

◆ 疑問代名詞 wer「誰が」

疑問代名詞 wer「誰が」も格変化します。

1 格	**wer**	**Wer** kommt heute Abend?	今晩、誰が来ますか。
2 格	**wessen**	**Wessen*** Fahrrad ist das?	それは誰の自転車ですか。
3 格	**wem**	**Wem** gehört das Motorrad?	そのオートバイは誰のものですか。
4 格	**wen**	**Wen** liebt sie?	彼女は誰を愛していますか。

*wessen は名詞の前に置かれます。

Übung 9　下線部の語が答えになるように wer を適切な格にして入れましょう。完成した文を訳しましょう。🎧 24

1　................ besuchst du denn*?　　　— Ich besuche <u>Frau Schneider</u>.

　　　　　　　　　　　　　　　　　　　　　　　*denn「ところで、いったい」

2　................ gehört das Kleid* hier ?　　— Es gehört <u>ihr</u>.　　　　　　　*Kleid「ドレス」

3　................ spricht gut Deutsch?　　　— <u>Kenji</u> spricht sehr gut Deutsch.

4　................ Auto ist das?　　　　　　— Das ist das Auto <u>des Professors</u>.

第 4 課　名詞の複数形 定冠詞類と不定冠詞類

名詞の複数形

ドイツ語の名詞の複数形は、名詞によって作り方が異なります。

複数形の作り方は、およそ 5 つのタイプに分類されます。辞書の表記といっしょに覚えましょう。

辞書の表記

Tisch [男] -(e)s / -e　机、テーブル　（[男]：性　-(e)s：単数 2 格　-e：複数形）

Haus [中] -es / ¨er (Häuser)　家　（[中]：性　-es：単数 2 格　¨er：複数形）

◆ 複数形の 5 つのタイプ

無語尾型	der Schüler	[男]	-s / -	生徒	→	die Schüler
	der Vater	[男]	-s / ¨	父親	→	die Väter
-e 型	der Tag	[男]	-(e)s / -e	日	→	die Tage
	der Baum	[男]	-(e)s / ¨e	木	→	die Bäume
-er 型	das Kind	[中]	-(e)s / -er	子ども	→	die Kinder
	das Haus	[中]	-es / ¨er	家	→	die Häuser
-en / -n 型	die Frau	[女]	- / -en	女の人	→	die Frauen
	die Blume	[女]	- / -n	花	→	die Blumen
-s 型	das Auto	[中]	-s / -s	自動車	→	die Autos
	das Hotel	[中]	-s / -s	ホテル	→	die Hotels

Übung **1**　それぞれの名詞を複数形にしましょう。

1 Lehrer [男] -s / -　男性教師
2 Tochter [女] - / ¨　娘
3 Ring [男] -(e)s / -e　指輪
4 Schwester [女] - / -n　妹
5 Buch [中] -(e)s / ¨er　本
6 Kleid [中] -(e)s / -er　ドレス
7 Uhr [女] - / -en　時計
8 Kamera [女] - / -s　カメラ
9 Sohn [男] -(e)s / ¨e　息子
10 Heft [中] -(e)s / -e　ノート

◆ 複数名詞の格変化

	無語尾型	-e 型	-er 型	-en / -n 型	-s 型
	男の人たち	木々	家々	女の人たち	自動車
1格	die Männer	die Bäume	die Häuser	die Frauen	die Autos
2格	der Männer	der Bäume	der Häuser	der Frauen	der Autos
3格	den Männer**n**	den Bäume**n**	den Häuser**n**	den Frauen	den Autos
4格	die Männer	die Bäume	die Häuser	die Frauen	die Autos

☆ 複数 3 格では語尾に -n をつけます。ただし複数形が -n / -s で終わる名詞にはこの -n をつけません。

Übung 2　　*Übung* 1 を参考に名詞を複数形にして文を書きかえましょう。

1　Das Kleid gefällt der Schwester.　　＿＿＿＿＿＿＿＿＿＿＿＿＿＿＿＿
　　　1格　　　　　　　　3格

2　Ich habe eine Uhr*.　　　　　　　Ich habe ＿＿＿＿＿＿＿＿＿＿＿＿
　　　　　　　　4格　　　　　　　　　　　　　* 不定冠詞のついた名詞が複数形になると無冠詞になります。

3　Er schenkt der Tochter einen Ring.　　Er schenkt ＿＿＿＿＿＿＿＿＿＿
　　　　　　　　3格　　　　4格

4　Sie gibt dem Sohn ein Heft.　　　Sie gibt ＿＿＿＿＿＿＿＿＿＿＿＿
　　　　　　　3格　　　4格

5　Die Kamera und das Buch gehören dem Lehrer.
　　　1格　　　　　　1格　　　　　　　3格

　＿＿＿＿＿＿＿＿＿＿＿＿＿＿＿＿＿＿＿＿＿＿＿＿＿＿＿＿＿＿＿＿＿＿

男性弱変化名詞　　男性名詞の中には単数 2，3，4 格で **-en** (**-n**) の語尾がつくものがあります。
　　　　　　　　辞書の表記では単数 2 格のところが -en (-n) になっています。

	Student 男 -en / -en　大学生		Junge 男 -n / -n　少年	
	[単数]	[複数]	[単数]	[複数]
1格	der Student	die Student**en**	der Junge	die Junge**n**
2格	des Student**en**	der Student**en**	des Junge**n**	der Junge**n**
3格	dem Student**en**	den Student**en**	dem Junge**n**	den Junge**n**
4格	den Student**en**	die Student**en**	den Junge**n**	die Junge**n**

✠ 定冠詞類と不定冠詞類

ドイツ語では「この〜」、「どの〜」、「私の〜」などの語は定冠詞や不定冠詞と同じように格変化します。定冠詞とよく似た変化をする語は定冠詞類といいます。また不定冠詞と同じ変化をする語は不定冠詞類といいます。

次の語は定冠詞 der とよく似た格変化をします。

dieser	この	**jener**	あの	**jeder***	それぞれの、どの〜も、
aller	すべての	**welcher**	どの	**solcher**	そのような　　　*jeder は単数形のみ。

dieser の格変化

	男性	女性	中性	複数
	この列車	この時計	この自動車	これらの家
1 格	die**ser** Zug	die**se** Uhr	die**ses** Auto	die**se** Häuser
2 格	die**ses** Zug(e)**s**	die**ser** Uhr	die**ses** Autos	die**ser** Häuser
3 格	die**sem** Zug	die**ser** Uhr	die**sem** Auto	die**sen** Häusern
4 格	die**sen** Zug	die**se** Uhr	die**ses** Auto	die**se** Häuser

☆ 中性の 1 格と 4 格は定冠詞と語尾の形が異なります。

◆ 定冠詞類の用法

どのような冠詞類がついていても、名詞の格の働きはこれまでと同じです。welcher は疑問詞なので文頭に置かれます。

Dieser Zug fährt nach Salzburg.　Ich kenne **jene** Frau nicht.　**Welches** Buch kaufst du?

　[男性 1 格]　　　　　　　　　　　　　　　　　　　[女性 4 格]　　　　　　　　[中性 4 格]

この列車はザルツブルクへ行きます。　　私はあの女の人を知りません。　　君はどの本を買いますか。

Übung 3　次の名詞を 2 格から 4 格まで格変化させましょう。

	この男の人	あの女の人	それぞれの子ども	すべての人々
1 格	dieser Mann	jene Frau	jedes Kind	alle Leute
2 格	_____	_____	_____	_____
3 格	_____	_____	_____	_____
4 格	_____	_____	_____	_____

Übung 4　1格の定冠詞類を入れましょう。

1　どのめがね　＿＿＿＿＿＿＿＿＿＿ Brille 囡　　　　この眼鏡　＿＿＿＿＿＿＿＿＿＿ Brille

2　この学校　＿＿＿＿＿＿＿＿＿＿ Schule 囡

3　どの列車　＿＿＿＿＿＿＿＿＿＿ Zug 男　　　　　あの列車　＿＿＿＿＿＿＿＿＿＿ Zug

4　すべての女の人たち　＿＿＿＿＿＿＿＿＿＿ Frauen 複

　　そのような雑誌（複数形）＿＿＿＿＿＿＿＿＿＿ Zeitschriften 複

5　あの子どもたち　＿＿＿＿＿＿＿＿＿＿ Kinder 複

6　どのシャツ　＿＿＿＿＿＿＿＿＿＿ Hemd 由　　　どのシャツも　＿＿＿＿＿＿＿＿＿＿ Hemd

Übung 5　*Übung* 4 の名詞を格変化させて文を完成させましょう。🎧 25

1　＿＿＿＿＿＿＿＿＿＿＿＿＿＿ trägst du gern?　— Ich trage gern ＿＿＿＿＿＿＿＿＿＿＿＿＿＿.

　　君はどのめがねをかけるのが好きですか。　私はこのめがねをかけるのが好きです。

2　Die Schüler ＿＿＿＿＿＿＿＿ sind sehr fleißig.

　　この学校の生徒たちはとても勤勉です。

3　＿＿＿＿＿＿＿＿＿＿＿＿＿ nimmt er?　　— ＿＿＿＿＿＿＿＿＿＿＿＿＿ nimmt er.

　　どの列車に（4格）彼は乗るのですか。　　あの列車に彼は乗ります。

4　＿＿＿＿＿＿＿＿＿＿＿＿ lesen ＿＿＿＿＿＿＿＿＿＿＿＿.

　　すべての女の人たちが、そのような雑誌を読んでいる。

5　＿＿＿＿＿＿＿＿＿＿＿＿＿ schenke ich Bilderbücher.

　　あの子どもたちに私は絵本をプレゼントする。

6　＿＿＿＿＿＿＿＿＿＿＿＿＿ gefällt* Ihnen?　— ＿＿＿＿＿＿＿＿＿＿＿＿＿ hier gefällt mir.

　　あなたはどのシャツを気に入っていますか。　ここにあるどのシャツも私は気に入っています。

*gefallen「…3格が…1格を気に入る」

◆ 不定冠詞類の格変化と用法

不定冠詞類は不定冠詞 ein と同じ格変化をします。不定冠詞類には所有冠詞と否定冠詞があります。

所有冠詞	**mein**	私の		**unser**	私たちの
	dein	君の（親称）		**euer**	君たちの（親称）
	sein	彼の，それの（男性名詞を指す）			
	ihr	彼女の，それの（女性名詞を指す）		**ihr**	彼らの，彼女らの，それらの
	sein	それの（中性名詞を指す）		**Ihr**	あなたの，あなた方の（敬称）
否定冠詞	**kein**	1つも／1人も〜ない			

mein の格変化

	男性		女性		中性		複数	
	私の夫		私の妻		私の子ども		私の子どもたち	
1格	mein	Mann	meine	Frau	mein	Kind	meine*	Kinder
2格	meines	Mann(e)s	meiner	Frau	meines	Kind(e)s	meiner	Kinder
3格	meinem	Mann	meiner	Frau	meinem	Kind	meinen	Kindern
4格	meinen	Mann	meine	Frau	mein	Kind	meine	Kinder

* 不定冠詞類の複数形には定冠詞類と同じ語尾がつきます。

Übung 6　次の名詞を 2 格から 4 格まで格変化させましょう。

	私の父親	君の母親	彼の子ども	彼女の兄弟姉妹
1格	mein Vater	deine Mutter	sein Kind	ihre Geschwister
2格	_____	_____	_____	_____
3格	_____	_____	_____	_____
4格	_____	_____	_____	_____

	私たちの兄（弟）	君たちの姉（妹）	彼らの赤ちゃん	あなたの両親
1格	unser Bruder	eure* Schwester	ihr Baby	Ihre Eltern
2格	_____	_____	_____	_____
3格	_____	_____	_____	_____
4格	_____	_____	_____	_____

*euer 「君たちの」のあとに語尾がつく場合、発音の関係で e を 1 つ省略するのが一般的です。

euere → eure　euerer → eurer　eueres → eures　euerem → eurem　eueren → euren

Übung 7　1 格の不定冠詞類を入れましょう。

1　私たちのおじ _____ Onkel
2　君たちの祖父母 _____ Großeltern
3　私の息子 _____ Sohn
4　あなたの娘さん _____ Tochter
5　彼の女友達 _____ Freundin
6　彼女の祖母 _____ Großmutter
7　君の両親 _____ Eltern
8　私の車 _____ Auto

Übung 8　*Übung* 7 の語を格変化させて文を完成させましょう。 🎧 26

1　Jeden Tag helfen wir _____.
　　毎日、私たちは**私たちのおじ**を手伝います。

2　Besucht ihr diesen Winter* _____?
　　君たちは今年の冬、**君たちの祖父母**を訪ねますか。　　*diesen Winter 時間を表す名詞は 4 格で副詞になります。

3 Gehört* der Hut _____ oder** _____ ?

その帽子は私の息子のものですか、それともあなたの娘さんのものですか。

*gehören「1 格は…3 格のもの」 **oder「それとも」

4 _____ schenkt _____ einen Schal.

彼の女友達は彼女の祖母にスカーフをプレゼントします。

5 Wo steht das Haus _____ ? 　　　　君の両親の家はどこにありますか。

6 Die Farbe _____ ist Schwarz. 　　　　私の車の色は黒です。

◆ 否定冠詞 kein の用法　　　　　　　　　　　　　　　　★ 否定文の作り方→ 86 頁

kein は不定冠詞のついた名詞または無冠詞の名詞の前に置かれ、否定文を作ります。

Ich habe **einen** Hund. → Ich habe **keinen** Hund. 　私は犬を飼っていません。
　　　不定冠詞がついた名詞

Ich trinke Bier. → Ich trinke **kein** Bier. 　私はビールを飲みません
　　　無冠詞の名詞

Übung 9　　kein を使って否定しましょう。

1 Hast du einen Bruder?　　　　　　　　　　2 Haben Sie heute Zeit?

— Nein, _____ .　　　　　— Nein, _____ .

3 Trinken sie Wein?　　　　　　　　　　　　4 Haben Sie Hunger?

— Nein, _____ .　　　　　— Nein, _____ .

Übung 10　　*Übung* 8, 9 を参考にドイツ語にしましょう。

1 週末に（am Wochenende）私の男友達（mein Freund 男）は彼の父親（sein Vater 男）を手伝います。

_____

2 彼は今年の夏（dieser Sommer の 4格*）、ミュンヘンにいる（in München）彼のおじ（sein Onkel 男）を訪ねます。

_____

3 そのめがね（die Brille 女）は彼らの娘（ihre Tochter 女）のものですか、それとも君たちの息子（euer Sohn 男）のものですか。

_____

4 彼女の男友達（ihr Freund 男）は彼の祖父（sein Großvater 男）に 1 本のネクタイ（Krawatte 女）をプレゼントします。

_____

5 あそこに（dort）私たちのおば（unsere Tante）の自転車（das Fahrrad）があります（stehen）。

_____

6 あなたには兄弟姉妹（Geschwister 複無冠詞）がいますか。いいえ、私には兄弟姉妹がいません。

_____

〈文法変化表　Ⅰ〉

動詞の現在人称変化

	単数			複数		
1人称	**ich** 私は	lerne	**wir** 私たちは		lernen
2人称（親称）	**du** 君は	lernst	**ihr** 君たちは		lernt
3人称	**er** 彼は **sie** 彼女は **es** それは	lernt	**sie** 彼らは 彼女たちは それらは		lernen
2人称（敬称）	**Sie** あなたは	lernen	**Sie** あなた方は		lernen

ich	**bin**	wir	**sind**
du	**bist**	ihr	**seid**
er, sie, es	**ist**	sie / Sie	**sind**

ich	habe	wir	haben
du	**hast**	ihr	habt
er, sie, es	**hat**	sie / Sie	haben

定冠詞のついた名詞の格変化

	男性		女性		中性		複数	
	その男の人		その女の人		その少女		それらの人々	
1格（～が）	**der**	Mann	**die**	Frau	**das**	Mädchen	**die**	Leute
2格（～の）	**des**	Mann(e)s	**der**	Frau	**des**	Mädchens	**der**	Leute
3格（～に）	**dem**	Mann	**der**	Frau	**dem**	Mädchen	**den**	Leuten
4格（～を）	**den**	Mann	**die**	Frau	**das**	Mädchen	**die**	Leute

定冠詞類の格変化

dieser この　**jener** あの　**jeder** それぞれの　**aller** すべての　**solcher** そのような　**welcher** どの

	男性	女性	中性	複数
1格	dies**er**	dies**e**	dies**es**	dies**e**
2格	dies**es** - (e)**s**	dies**er**	dies**es** - (e)**s**	dies**er**
3格	dies**em**	dies**er**	dies**em**	dies**en** - **n**
4格	dies**en**	dies**e**	dies**es**	dies**e**

不定冠詞のついた名詞の格変化

	男性		女性		中性	
	1匹の犬		1匹の猫		1匹の動物	
1格（〜が）	ein□	Hund	eine	Katze	ein□	Tier
2格（〜の）	eines	Hund(e)s	einer	Katze	eines	Tier(e)s
3格（〜に）	einem	Hund	einer	Katze	einem	Tier
4格（〜を）	einen	Hund	eine	Katze	ein□	Tier

不定冠詞類の格変化

mein 私の　**dein** 君の　**sein** 彼の、それの　**ihr** 彼女の、彼らの
unser 私たちの　**euer** 君たちの　**Ihr** あなたの、あなたたちの

	男性	女性	中性	複数
1格	mein□	meine	mein□	meine
2格	meines -(e)s	meiner	meines -(e)s	meiner
3格	meinem	meiner	meinem	meinen - n
4格	meinen	meine	mein□	meine

人称代名詞の格変化

		1人称	2人称（親称）	3人称 男	3人称 女	3人称 中	2人称（敬称）
単数	1格	ich	du	er	sie	es	Sie
	3格	mir	dir	ihm	ihr	ihm	Ihnen
	4格	mich	dich	ihn	sie	es	Sie
複数	1格	wir	ihr	sie			Sie
	3格	uns	euch	ihnen			Ihnen
	4格	uns	euch	sie			Sie

wer の格変化

1格 **wer**	2格 **wessen**	3格 **wem**	4格 **wen**

第 5 課　前置詞の格支配　前置詞のさまざまな用法　時刻の表し方

✻ 前置詞の格支配

ドイツ語の前置詞は、特定の格の名詞とともに用いられます。

◆ 2 格支配の前置詞

statt 〜のかわりに　**trotz** 〜にもかかわらず　**wegen** 〜のために（理由）　**während** 〜のあいだに（期間）

statt meines Vaters　私の父親の代わりに　　**trotz** des Regens　雨にもかかわらず
wegen der Kälte　寒さのために　　**während** der Sommerferien　夏休みのあいだに

Übung 1　ドイツ語にしましょう。

1　先生 (der Lehrer) のかわりに　　→＿＿＿＿＿＿＿＿＿＿＿＿

2　嵐 (der Sturm) にもかかわらず　　→＿＿＿＿＿＿＿＿＿＿＿＿

3　病気 (die Krankheit) のために　　→＿＿＿＿＿＿＿＿＿＿＿＿

4　冬休み (die Winterferien 複) のあいだに　→＿＿＿＿＿＿＿＿＿＿＿＿

◆ 3 格支配の前置詞

aus　〜（の中）から	**bei**　〜（人）のところで、〜の際に	
mit　〜といっしょに、〜を使って	**nach**　〜のあとで、〜（地名／国名）へ	
seit　〜以来、〜前から（ずっと）	**von**　〜から、〜の	**zu**　〜へ

aus dem Zimmer　部屋（の中）から　**bei** meiner Tante　私のおばのところに（で）
mit dem Auto　車で　　　　　　　**nach** dem Essen　食後に
seit einem Monat　1ヶ月前から　　**von** Tokio　東京から　　**zu** mir　私のところへ

Übung 2　＿＿＿に前置詞、（　　）に定冠詞か不定冠詞を入れましょう。🎧 27

1　Schüler kommen ＿＿＿＿（　　）Keller 男.　生徒たちが地下室（の中）から出てきます。

2　＿＿＿＿（　　）Arbeit 女 macht mein Vater keine Pause.
　　仕事の際に私の父親は休憩を取りません。

3　＿＿＿＿（　　）Woche 女 wohne ich ＿＿＿＿（　　）Großeltern 複.
　　1週間前から私は祖父母のところに住んでいます。

4　Anna fährt ＿＿＿＿（　　）Freundin ＿＿＿＿（　　）Bus 男 ＿＿＿＿ Augsburg.
　　Anna は1人の女友達といっしょにバスでアウクスブルクへ行きます。

5　Kinder kommen ＿＿＿＿（　　）Bahnhof 男.　子どもたちがその駅からやって来ます。

6　＿＿＿＿（　　）Schule 女 gehen wir direkt ＿＿＿＿（　　）Arzt 男.
　　放課後、私たちは直接その医者へ行きます。

Übung 3　　*Übung* 2 を参考にドイツ語にしましょう。

1　女子生徒たち（**Schülerinnen** 複無冠詞）がその教室（**der Klassenraum**）の中から出てきます。

_____

2　パーティー（**die Party**）の際に私の息子（**mein Sohn**）はある歌（**ein Lied** 中）を歌います（**singen**）。

_____

3　3 年（**drei Jahre** 複）前からずっと私は彼のところでフランス語（**Französisch**）を学んでいます。

_____

4　Sophie は私といっしょに列車（**der Zug**）で Linz から Salzburg へ行きます。

_____

5　コンサート（**das Konzert**）の後で、私たちは歩いて（**zu Fuß**）家に帰ります（**nach Hause gehen**）*。

　　　　　　　　　*nach Haus(e) gehen「帰宅する」：gehen を人称変化させて 2 番目に置きます。

_____

◆ **4 格支配の前置詞**

durch ～を通り抜けて	**für** ～のために	**ohne** ～なしに	**um** ～の周りに

durch den Park	公園を通り抜けて	**für** mich	私のために
Kaffee **ohne** Milch*	ミルクなしのコーヒー	**um** den Garten	庭園の周りに

　　　　　　　　　　　　　　　　*ohne は無冠詞の名詞と用いることが多いです。

Übung 4　　............ に前置詞、（　　　）に定冠詞か不定冠詞を入れましょう。🎧
28

1　Wir gehen .... （　　　） Garten zu der Schule.　私たちはある庭園を通ってその学校に行きます。

2　............ Wörterbuch 中 lesen die Studenten den Roman von Kafka.
　　辞書なしでその学生たちは Kafka の長編小説を読みます。

3　Unsere Eltern arbeiten jeden Tag .... （　　　） Familie 女.
　　私たちの両親は毎日、家族のために働いています。

4　Ich jogge oft .... （　　　） See 男.　　　　　私はよくその湖の周りをジョギングします。

Übung 5　　*Übung* 4 を参考にドイツ語にしましょう。

1　その路面電車（**die Straßenbahn**）がその門（**das Tor**）を通り抜けていきます（**fahren**）。

_____

2　私は砂糖（**Zucker** 無冠詞）の入っていないコーヒーを飲むのが好きです（**trinken**）。

_____

3　誰のために * 君は働いているのですか。私は君たちのために働いています（**arbeiten**）。

　　　　　　　　　* 「誰のために」：前置詞の後に wer「誰」の 4 格を用います。→ 23 頁

_____

4　男たち（**Männer** 複 無冠詞）がそのテーブル（**der Tisch**）の周りに座っています（**sitzen**）。

_____

◆ 3・4格支配の前置詞

an	~に接して	auf	~の上	hinter	~の後ろ	in	~の中	
neben	~の隣り	über	~の上方	unter	~の下	vor	~の前	zwischen ~の間

これらの前置詞は、**存在する場所や行われる場所**を表す場合には **3格支配**に、**一定方向への移動**を表す場合には **4格支配**になります。

Das Buch liegt **auf dem** Tisch.　　　その本は机の上にあります。
　　　　　　　　　男性3格

Ich lege das Buch **auf den** Tisch.　　私はその本を机の上に置きます。
　　　　　　　　　　　男性4格

Übung 6 .... に前置詞、（　　　）に定冠詞を入れましょう。🎧
29

1　Ich hänge ein Bild .... (　　　) Wand 女.　　私は1枚の絵を壁に掛けます。

2　Das Bild hängt .... (　　　) Wand.　　その絵は壁に掛かっています。

3　Kinder kommen .... (　　　) Zimmer 田.　　子どもたちがその部屋の中へ入ってきます。

4　Ihre Lehrerin wartet .... (　　　) Zimmer.　　彼らの先生はその部屋の中で待っています。

5　Der Sohn legt einen Teppich .... (　　　) Boden 男. 息子は床の上にじゅうたんを敷きます。

6　Der Teppich liegt .... (　　　) Boden.　　そのじゅうたんは床の上に敷いてあります。

Übung 7　*Übung 6* を参考にドイツ語にしましょう。

1　今日（heute）、私たちは海（die See）へ行きます（fahren）*。海辺で（海に接したところで）私たち
　の祖父母（unsere Großeltern）が暮らしています（leben）。　　　　　　　　* 「海に接しに行く」

_____

2　Anna はあるレストラン（ein Restaurant 田）に入ります（gehen）。そのレストラン（の中）で彼女
　の男友達が働いています（arbeiten）。

_____

3　ウェイトレス（die Kellnerin）が赤ワインのボトル（eine Flasche Rotwein）をテーブルの上に置き
　ます（stellen）。テーブルの上には白ワイン（Weißwein）のボトルも（auch）あります（stehen）。

_____

4　ボール（ein Ball 男）がベンチ（die Bank）の下へと転がっていきます（rollen）。そのベンチの下に1
　匹の猫（eine Katze）が横たわっています（liegen）。

_____

34

5 君は郵便局（die Post）とカフェ（das Café）の間にある薬局（die Apotheke）が見えますか。

____

6 じゅうたんをこのテレビ（dieser Fernseher）の前に敷いて下さい（legen）。

____

前置詞のさまざまな用法

◆ 前置詞と定冠詞の融合形

定冠詞に「その」という強調した意味がない場合はふつう融合形が用いられます。

3 格支配

bei dem → **beim**
von dem → **vom**
zu dem → **zum**　zu der → **zur**

3・4 格支配

an dem → **am**　an das → **ans**
in dem → **im**　in das → **ins**

Ich gehe **zum** Arzt　私は医者へ行きます。　Ich gehe **zu dem** Arzt.　私は**その**医者へ行きます。

◆「～へ行く」の表しかた

ドイツ語では「～へ行く」という表現でさまざまな前置詞が用いられます。

nach ＋地名 *　：Ich reise nach Deutschland.　私はドイツへ旅行します。
* 例外：Ich gehe nach Haus(e).（Haus「家」の熟語）　私は家に帰ります。
Ich reise in die Schweiz.（女性／複数名詞の国名）　私はスイスへ旅行します。

zu ＋人／目的の場所　：Ich gehe zu dir / zum Arzt.　私は君のところへ／医者へ行きます。
Ich gehe zum Bahnhof / zur Uni.　私は駅へ／大学へ行きます。

an ＋海（接しに行く）　：Ich fahre ans Meer / an die See.　私は海へ行きます。

in ＋建物（中身が重要）　：Ich gehe ins Kino / ins Theater / ins Konzert / in die Bibliothek.
私は映画を見に／演劇を見に／コンサートを聴きに／図書館に行きます。

国名の性　国名の多くは中性名詞で無冠詞で用いられます。しかし、女性名詞、複数名詞の国名も少数あり、それらは**定冠詞をつけて**用いられます。

			～で（場所）	～へ（方向）
女性名詞：	die Schweiz	スイス	in der Schweiz	in die Schweiz
	die Türkei	トルコ	in der Türkei	in die Türkei
	die Ukraine	ウクライナ	in der Ukraine	in die Ukraine
複数名詞：	die USA	アメリカ合衆国	in den USA	in die USA

◆ 曜日や季節の表し方

am ＋曜日（すべて男性名詞）：

am Montag	月曜日に	am Dienstag	火曜日に	am Mittwoch	水曜日に
am Donnerstag	木曜日に	am Freitag	金曜日に	am Samstag	土曜日に
am Sonntag	日曜日に				

im ＋季節（すべて男性名詞）：

im Frühling　春に　　im Sommer　夏に　　im Herbst　秋に　　im Winter　冬に

Übung 8　　前置詞と定冠詞の融合形を入れましょう。🎧30

1　Lach .... Essen 中 nicht so laut !　　　食事中に（bei ＋3格）そんなに大きな声で笑うなよ。

2　Mein Vater arbeitet .... Büro 中.　　　私の父親は事務所で（in ＋3格）働いています。

3　Zuerst gehe ich .... Bahnhof 男 .... Arzt 男, dann .... Uni 女.
　　まず私は駅から（von ＋3格）医者に行き、それから大学へ行きます。

4　Fahrt ihr .... Meer 中 ?　　　　　君たちは海へ行くのですか。

5　Ich gehe .... Kino 中 und du gehst .... Konzert 中.
　　私は映画を見に行き、そして、君はコンサートへ行きます。

6　................ Samstag regnet es* stark. .... Sonntag schneit es** viel.
　　土曜日は雨が強く降ります。日曜日は雪がたくさん降ります。

　　*es regnet / ** es schneit：英語と同じように regnen「雨が降る」、schneien「雪が降る」などの動詞は非人称
　　主語 es を用います。　　　　　　　　　　　　　　　　　　　　　★非人称の es → 88 頁

7　................ Herbst reisen wir in die Schweiz.　　秋に私たちはスイスへ旅行します。

◆ 前置詞と人称代名詞の融合形

事物を表す人称代名詞が前置詞とともに用いられるとき、〈da＋前置詞〉の形になります。前置詞の頭文字
が母音の場合は、da- と前置詞の間に r が挿入され daran / darauf / darin となります。

Ich reise **mit** dem Bus.　私はバスで 旅行します。→ Ich reise **damit**.　私はそれを使って旅行します。
　　　　　　男性 3 格　　　　　　　　　　　　　　　　　mit ihm は不可

◆ 前置詞を用いた熟語

auf ＋4格 warten　…4 格を待つ
3格 für ＋4格 danken　…3 格の人に…4 格のことで感謝する
4格 nach ＋3格 fragen　…4 格に…3 格について尋ねる
mit ＋3格 zufrieden sein　…3 格に満足している

☆ 熟語表現は不定詞が最後に置かれます。平叙文を作るときは不定詞を人称変化させて 2 番目に置きます。

Übung **9**　適切な前置詞を入れましょう。🎧
31

1　Ein Herr fragt den Studenten .... dem Weg zur Uni.

　　1 人の紳士がその大学生に大学への道を尋ねます。

2　Ich danke Ihnen .... die Hilfe.　　　　私はあなたに手伝ってもらって感謝しています。

3　Ist er .... seiner Arbeit zufrieden?　　— Ja, er ist .... zufrieden.

　　彼は彼の仕事に満足していますか。　　　　— はい、彼はそれに満足しています。

4　.................. wen wartest du so lange?　　　— Ich warte .... ihn.

　　君はそんなに長いあいだ誰を待っているのですか。　　— 私は彼を待っています。

�֎ *時刻の表し方*

時刻には公的な場での表現（24 時間制）と日常会話での習慣的な表現（12 時間制）があります。

	24 時間制	12 時間制
14.00 Uhr	Es ist vierzehn Uhr.	Es ist zwei (Uhr).
14.05 Uhr	Es ist vierzehn Uhr fünf.	Es ist fünf **nach** zwei.
14.15 Uhr	Es ist vierzehn Uhr fünfzehn.	Es ist **Viertel* nach** zwei.
14.30 Uhr	Es ist vierzehn Uhr dreißig.	Es ist **halb** drei**.
14.45 Uhr	Es ist vierzehn Uhr fünfundvierzig.	Es ist **Viertel vor** drei.
14.50 Uhr	Es ist vierzehn Uhr fünfzig.	Es ist zehn **vor** drei.

*Viertel「4 分の 1」　**halb「半分」: halb drei は「3 時に向かって半分」という意味です。

Übung **10**　今の時刻を質問し、24 時間制と 12 時間制の表現で答えましょう。

例：**Wie spät** ist es jetzt?　　　　　　**Wie viel Uhr** ist es jetzt?　今、何時ですか。

　　Es ist elf Uhr dreißig.　11 時 30 分です。　　Es ist halb zwölf.　11 時半です。

1　03.15 Uhr ＿＿＿＿＿＿＿＿＿　　2　13.30 Uhr ＿＿＿＿＿＿＿＿＿

3　15.25 Uhr ＿＿＿＿＿＿＿＿＿　　4　19.15 Uhr ＿＿＿＿＿＿＿＿＿

5　21.30 Uhr ＿＿＿＿＿＿＿＿＿　　6　22.55 Uhr ＿＿＿＿＿＿＿＿＿

「～時に」という場合には前置詞 um を使います。

Wann beginnt das Konzert?　　/　　**Um wie viel Uhr** beginnt das Konzert?

　　いつそのコンサートは始まりますか。　　　何時にそのコンサートは始まりますか。

Es beginnt um siebzehn Uhr dreißig / um halb sechs.

　　それは 17 時 30 分 / 5 時半に始まります。

第
5
課

第 6 課　　分離動詞　話法の助動詞　従属接続詞

�֍ 分離動詞

基礎となる動詞にアクセントのある前つづりがついた動詞を分離動詞といいます。分離動詞は、辞書の見出しでは分離する前つづり（**分離前つづり**）と基礎となる動詞の間に縦線 | が入っています。

★アクセントのない前つづりを持つ非分離動詞もあります。→ 88 頁

auf|stehen 起床する　　　　　**an|kommen** 到着する　　　　　**fern|sehen** テレビを見る

分離前つづりは文中で分離して文末に置かれます。

auf|stehen「起床する」 の現在人称変化

ich	stehe…auf.	wir	stehen…auf.
du	stehst…auf.	ihr	steht…auf.
er	steht…auf.	sie / Sie	stehen…auf.

平叙文：**Ich stehe** morgen um fünf Uhr **auf.**　　　私は明日、5 時に起床します。

疑問文：**Sieht** Klaus so lange **fern**?　　　　　　　Klaus はそんなに長い時間テレビを見ますか。

疑問詞を用いた疑問文：Wann **kommst** du in Hamburg **an**?　　君はいつハンブルクに到着しますか。

Übung 1　　分離動詞の不定詞を適切に変化させて文を完成させましょう。 🎧 32

（人称変化で母音が変化する不規則動詞は太文字にしてあります。）

1 Um wie viel Uhr .... der Zug von Bremen ....?　　[ab|**fahren** 出発する]
　その列車は何時にブレーメンから出発しますか。

2 Wo .... du immer ....?　　　　　　[ein|kaufen 買い物をする]
　君はいつもどこで買い物をしますか。

3 Das Flugzeug .... pünktlich in Prag ....　　[an|kommen 到着する]
　その飛行機は時間通りにプラハに到着します。

4 Morgen .... wir um halb sieben ....　　[auf|stehen 起床する]
　明日、私たちは 6 時半に起床します。

5 Klaus .... jeden Tag sehr lange ....　　[fern|**sehen** テレビを見る]
　Klaus は毎日、とても長い時間テレビを見ます。

Übung 2　　*Übung* 1 を参考にドイツ語にしましょう。

1 いつ（wann）そのバス（der Bus）はローテンブルク（Rothenburg）から出発しますか。

_____

2 私はいつもスーパーマーケットで（im Supermarkt）買い物をします。

_____

3　君たちの列車 (euer Zug 男) は明後日 (übermorgen)、ウィーン (Wien) に到着するのですか。

_____

4　あなたは明日、何時に起床しますか。

_____

5　君は毎日、どれくらいの長さ (wie lange) テレビを見ますか。

_____

Übung 3　与えられた語句を用いて作文しましょう。分離動詞以外は変化しません。🎧 33

1　[das Konzert, um halb acht, an|**fangen**]　　そのコンサートは 7 時半に始まります。

2　[heute Abend, Sie, mich, noch einmal, an|**rufen***]　　* 4格 an|rufen「...4 格に電話を掛ける」
私に今晩、もう一度電話をして下さい。

3　[uns, du, zum Tee, ein|**laden***]　　* 4格 zu ＋ 3格 ein|laden「…4 格を…3 格に招待する」
君は私たちをお茶に招待してくれますか。

4　[an einem Seminar, heute, sie, teil|**nehmen***]　　*an ＋ 3格 teil|nehmen「…3 格に参加する」
今日、彼女はあるゼミナールに参加します。

Übung 4　*Übung* 3 を参考にドイツ語にしましょう。

1　いつ (wann) 授業 (der Unterricht) が始まりますか。

_____

2　今晩、私は彼に (er の 4格) 電話をしません *。
　　　　　　　　* 文末の前つづりの前に nicht を置くと全文否定になります。★否定文の作り方→ 86 頁

_____

3　Hanna は彼をパーティー (die Party) に * 招待します。　　*zu der は zur (融合形) になります。

_____

4　君は今日、その会議 (die Versammlung) に参加しますか。

_____

Übung 5　分離動詞の不定詞を変化させて文を完成させましょう。完成した文を訳しましょう。🎧 34

1　Wohin .... du morgen ....?　　[ab|reisen 旅立つ]

2　Ich .... die Tür .... und du .... das Fenster ....
　　　　　　　　　　　　　　　[auf|machen 開ける / zu|machen 閉める]

3　Heute .... wir nicht ....　　[aus|gehen 外出する]

4　................... Paula übermorgen von Prag ....?　[zurück|kommen 帰ってくる]

✳ 話法の助動詞

ドイツ語には次のような話法の助動詞があります。

不定詞	dürfen してよい	können できる	mögen かもしれない が好きだ	müssen ねばならない にちがいない	sollen すべき	wollen するつもり したい	möchte したい ほしい
ich	darf	kann	mag	muss	soll	will	möchte
du	darfst	kannst	magst	musst	sollst	willst	möchtest
er	darf	kann	mag	muss	soll	will	möchte
wir	dürfen	können	mögen	müssen	sollen	wollen	möchten
ihr	dürft	könnt	mögt	müsst	sollt	wollt	möchtet
sie / Sie	dürfen	können	mögen	müssen	sollen	wollen	möchten

☆ 話法の助動詞の多くは主語が単数のときに語幹の母音が変化します。

☆ 主語が 1 人称単数（ich）、3 人称単数（er, sie, es）のときに語尾がつきません。

☆ möchte は mögen の接続法 II 式と呼ばれる形で、英語の *would like to* に相当します。

平叙文では話法の助動詞を人称変化させて 2 番目に、不定詞を文末に置きます。

話法の助動詞の現在人称変化…不定詞（文末）

Er **kann** gut Deutsch **sprechen.**　　　　　　彼は上手にドイツ語を話すことができます。

定動詞（2 番目）　　　　　不定詞（文末）

「はい」、「いいえ」で答えられる疑問文では話法の助動詞を文頭に置きます。

Darf ich mit der Familie **telefonieren?**　　　家族と電話で話していいですか。

疑問詞を用いた疑問文では、疑問詞の後ろに話法の助動詞を置きます。

Um wie viel Uhr **musst** du morgen **aufstehen?**　　　君は明日、何時に起きなければなりませんか。

全文否定の文では nicht は文末の不定詞の前に置きます。　　　　　　★否定文の作り方→ 86 頁

Ich kann dir **nicht** helfen.　　　　　　私は君を手伝うことができません。

↑ nicht は helfen を否定

ドイツ語を学ぼう！
改訂版

Lernen wir Deutsch !
neu

✎ 別冊練習問題集 ✎

同学社

✏ あいさつ ✏

あいさつ

ドイツ語にしましょう。

1　おはようございます。　＿＿＿＿＿＿＿＿＿＿
2　こんにちは。　＿＿＿＿＿＿＿＿　3　こんばんは。　＿＿＿＿＿＿＿＿＿
4　おやすみなさい。　＿＿＿＿＿＿＿　5　どうぞ。　＿＿＿＿＿＿＿＿＿
6　ありがとう。　＿＿＿＿＿＿＿　7　どういたしまして。　＿＿＿＿＿＿＿＿
8　ごきげんいかがですか。　＿＿＿＿＿＿＿＿＿＿＿＿＿＿＿＿
9　ありがとう、元気です。君は？　＿＿＿＿＿＿＿＿＿＿＿＿＿＿
10　ありがとう、私も元気です。　＿＿＿＿＿＿＿＿＿＿＿＿＿＿
11　さようなら。　＿＿＿＿＿＿＿＿　12　バイバイ。　＿＿＿＿＿＿＿＿＿

✏ 第1課　追加練習問題 ✏

「はい」、「いいえ」で答えることのできる疑問文

ドイツ語にしましょう。

1　君たちはドイツ語を一生懸命に勉強しますか。

　　いいえ、私たちはドイツ語をそれほど一生懸命には勉強しません。

　＿＿＿＿＿＿＿＿＿＿＿＿＿＿＿＿＿＿＿＿＿＿＿＿＿＿＿＿＿

2　Maria はピアノを上手に弾きますか。　いいえ、彼女は美しく（schön）歌います（singen）。

　＿＿＿＿＿＿＿＿＿＿＿＿＿＿＿＿＿＿＿＿＿＿＿＿＿＿＿＿＿

3　君はビールを飲むのが好きですか。　いいえ、私はワインを飲むのが好きです。

　＿＿＿＿＿＿＿＿＿＿＿＿＿＿＿＿＿＿＿＿＿＿＿＿＿＿＿＿＿

4　あなたはベルリンの大学で日本学を専攻しますか。

　　いいえ、ハイデルベルクの大学で私は経済学を専攻しています。

　＿＿＿＿＿＿＿＿＿＿＿＿＿＿＿＿＿＿＿＿＿＿＿＿＿＿＿＿＿

　＿＿＿＿＿＿＿＿＿＿＿＿＿＿＿＿＿＿＿＿＿＿＿＿＿＿＿＿＿

5　君はよくドイツへ旅行しますか。　はい、ドイツへ私はよく旅行します。

　＿＿＿＿＿＿＿＿＿＿＿＿＿＿＿＿＿＿＿＿＿＿＿＿＿＿＿＿＿

疑問詞を使った疑問文

ドイツ語にしましょう。

1 君はどこで働いていますか。　ミュンヘンで私は働いています。

_____

2 Uwe と Anna は何をするのが好きですか。　彼らは音楽を聴くのが好きです。

_____

3 君はどこから来ましたか。　私はハンブルク出身で、今はベルリンに住んでいます。

_____

4 私の名前は Alex です。　君の名前は何ですか。

_____

5 君たちはどこへ行きますか（gehen）。　私たちは大学へ（zur Uni）行きます。

_____

不規則動詞 sein

ドイツ語にしましょう。

1 Bauer さん、あなたの職業は何ですか。　私は医師です。

_____

2 Sabine、君の職業は何ですか。　私はまだ（noch）学生です。

_____

3 私たちはもう若くはありません（nicht mehr　もはや～ない）。
　私たちはすでに（schon）とても年を取っています。

_____

4 君は病気ではなく、とても健康です。

_____

5 君たち今、ライプツィヒにいますか。
　いいえ、私たちは今、ライプツィヒではなく、ドレスデン（Dresden）にいます。

_____

_____

6 彼はドイツ人で、そして彼女は日本人です。

_____

冠詞と名詞の格変化

ドイツ語にしましょう。

1　その子供は１冊のノートを買います。

_____

2　その男子大学生はその男性教授をよく知っていますか。

_____

3　君はある男性作家を訪ねますか。

_____

4　Maria はその犬をとても愛しています。

_____

5　その女性教師はそのバッグをそれほど高いと思いません。

_____

6　彼女はその男性音楽家の CD を１枚買いますか。

_____

7　その女性教授はある女子大学生の父親にすぐに（sofort）答えます。

_____

8　その猫の写真はある日本人男性のものです。

_____

9　そのコンサートのチケットはとても安いですか。

_____

10　その男性教師の娘はある女性歌手に似ています。

_____

11　その母親はその娘に何を買ってあげますか。

_____

12　君はそのおばに 1 通の手紙を書きますか。

_____

13　そのおじの息子にそのウェイトレスは 1 杯のコーヒーを運んできます。

_____

14　その少女はその女の人の子供に 1 枚のはがきを見せます。

_____

15　ある女子生徒の父親にその男性教師はある男性作家の本をプレゼントします。

_____

不規則動詞　haben

ドイツ語にしましょう。

1　君たちはお腹が空いていますか。
　　はい、私たちはお腹が空いていて、のども（auch）渇いています。

_____

_____

2　その赤ちゃんはひょっとしたら熱があるかもしれません。

_____

3　あなたはまだ時間がありますか。　はい、私はまだ時間があります。

_____

_____

4　Meyer さんもその女性音楽家の CD を 1 枚持っています。

_____

5　君は 1 匹の猫を飼っていますか。　いいえ、私は 1 匹の犬を飼っています。

_____

_____

✐ 第3課　追加練習問題 ✐

不規則動詞

ドイツ語にしましょう。

1　Stefan はとても上手に日本語を話します。君はとても流ちょうに（fließend）フランス語を話します。

    _____

2　Petra は昼に何を食べますか。　彼女は昼にスパゲッティー（Spaghetti）を食べます。

    _____

3　君は毎朝、新聞を読みますか。

    _____

4　息子に父は 50 ユーロのおこづかいをあげます。

    _____

5　君たちは毎日、どれくらいの長さ（wie lange）眠りますか。

    _____

命令形　人称代名詞

ドイツ語にしましょう。　それぞれ du、　ihr、Sie に対する命令形にしましょう。

1　よく眠ってください。

    _____

    _____

2　仕事の際に私を手伝ってください。

    _____

    _____

3　気をつけてください。

    _____

    _____

4　彼にすぐに答えてください。

    _____

    _____

5 ぜひ（mal）その女性作家の小説（Roman 男）を読んでください。

_____

_____

6 どうか私におこづかいをください。

_____

_____

人称代名詞

下線の名詞を代名詞にして全文を書きかえましょう。

1 <u>Die Mutter</u> kauft <u>dem Sohn</u> <u>einen Anzug</u>

_____

2 <u>Der Ring</u> gehört <u>der Dame</u>.   <u>Die Brille</u> gehört <u>dem Kind</u>.

_____

3 <u>Der Mann</u> schenkt <u>einem Mädchen</u> <u>eine Blume</u>.

_____

4 <u>Der Schülerin</u> hilft <u>der Student</u> beim Lernen.

_____

5 Ich finde <u>den Hund</u> sehr süß.

_____

疑問代名詞　wer

ドイツ語にしましょう。

1 君は誰を愛していますか。　私は彼を愛しています。

_____

2 あなたは誰に質問しますか。　私は彼に質問します。

_____

3 その新聞は誰のものですか。　それは彼らのものです。

_____

✐ 第4課　追加練習問題 ✐

複数形

下線部の名詞を複数形にして全文を書きかえましょう。

1　Das Mädchen schreibt der Mutter einen Brief.

_____

2　Das Haus gehört dem Mann.

_____

3　Der Vater pflanzt dort einen Baum.

_____

4　Der Lehrer schenkt dem Kind der Frau ein Bilderbuch.

_____

定冠詞類

ドイツ語にしましょう。

1　彼は今日（heute）、どのスーツを着ていますか。　今日、彼はあのスーツを着ています。

_____

2　君はどの雑誌（Zeitschrift 女）を読むのが好きですか。　私はこの雑誌を読むのが好きです。

_____

3　この学校はどの生徒にもコンピューター（Computer 男）を1台与えます。

_____

4　全ての子供たちがそのような絵本（複数）を気に入ってます。

_____

定冠詞類と不定冠詞類

ドイツ語にしましょう。

1　私の兄は彼の娘にこのドレスを買ってあげます。

_____

2　今年の夏に、君たちはドイツにいる君たちの男友達を訪問しますか。

_____

3　毎朝、私は君の両親に挨拶します。

_____

4　私たちの男性教師に私の父がこのEメール（E-Mail 女）を送ります（schicken）。

_____

5　私たちの家の写真を私の娘は彼女の女友達に見せます。

_____

否定冠詞　kein

kein を用いて答えましょう。

1　Trinkst du Kaffee?

_____

2　Haben sie heute Abend Zeit?

_____

3　Schreibst du deinen Eltern einen Brief?

_____

4　Haben Sie jetzt Probleme（複数）?

_____

5　Hat dein Kind heute Fieber?

_____

✐ 第5課 追加練習問題 ✐

前置詞の格支配

ドイツ語にしましょう。

1 私の休暇中、私は私の母親の代わりに料理をします（kochen）。

_____

2 熱（Fieber 中）があるにもかかわらず（彼の熱にもかかわらず）、彼は外で（draußen）仕事をします。

_____

3 今日、彼女は彼女の病気のために来ません。

_____

4 1か月前から彼女は彼女のおばのところでドイツ語を勉強しています。

_____

5 彼は今日、どのようにして学校から彼の叔母のところへ行きますか。

 彼は歩いて彼女のところへ行きます。

_____

_____

6 この仕事の後で私は休憩を取ります。

_____

7 その男性は休憩なしに彼の家族のために働いています。

_____

8 この路面電車は旧市街（Altstadt 女）の周りを走ります。

_____

9 どのバスもあの森（Wald 男）を通り抜けていきます。

_____

10 このテーブルをテレビの前においてください。

 そして、あのじゅうたんをテーブルとソファの間に敷いてください。 ［du に対する命令形］

_____

_____

11 1機の飛行機（Flugzeug 中）が町（Stadt 女）の上空を旋回しています（kreisen）。

 その飛行機は山（Berg 男）を越えて飛んでいきます（fliegen）。

_____

_____

12　子供たちがある建物（Gebäude 中）のうしろへ行きます。

　　その建物のうしろには 1 本の木（Baum 男）が立っています。

_____

_____

13　1 本のスプーン（Löffel 男）を皿の隣りにおいてください。　［Sie に対する命令形］

　　その皿の隣にはすでに 1 本のフォーク（Gabel 女）と 1 本のナイフ（Messer 中）があります。

_____

_____

前置詞のさまざまな用法

ドイツ語にしましょう。

1　ドイツでは秋に雨がたくさん降ります。

　　スイスでは冬に雪が強く降りますか。

_____

_____

2　ご親切（Freundlichkeit 女）にどうもありがとうございます (あなたのご親切に対して、私はあなた
　　に感謝します)。

_____

3　月曜日と水曜日に私は売店で（in einem Kiosk）アルバイトをします（jobben）。

_____

4　まず彼女は美容室（Friseur 男）へ行き、それからパーティーへ行きます。

_____

5　その少年はその大学生に駅への道を尋ねます。

_____

6　君はそんなに長い間、外で（draußen）誰を待っているのですか。

_____

7　君たちはこの結果（Ergebnis 中）に満足していますか。　　はい、私たちはそれに満足しています。

_____

✐ 第6課 追加練習問題 ✐

分離動詞

ドイツ語にしましょう。

1 明日、私たちは 20 時頃（gegen）旅行（Reise 囡）から戻ってきます。

_____

2 明後日、彼は 7 時半に起床し、8 時半にフランス（Frankreich）へ旅立ちます。

_____

3 誰がこの窓を開けますか。誰があのドアを閉めますか。

_____

4 18 時 25 分にそのバスはリューベック（Lübeck）から出発し、19 時 55 分にシュヴェーリン（Schwerin）
に到着します。

_____

5 まず（zuerst）、私たちはアウクスブルクでその列車に（in+4 格）乗ります（einsteigen）。
それから（dann）私たちはミュンヘンで乗りかえます（umsteigen）。

_____

_____

話法の助動詞

ドイツ語にしましょう。

1 彼はスイス出身に違いありません。　私は彼とスイスへ旅行したいです。

_____

2 私の父親はドイツ語もフランス語も話せます（sowohl A als auch B　A も B もどちらも）。

_____

3 許可（Genehmigung 囡　無冠詞）なしに、ここで写真を撮って（fotografieren）はいけません。

_____

4 明日、朝食（Frühstück 囦）の前に湖の周りを散歩しましょう（einen Spaziergang machen ）。

_____

5 火曜日と金曜日にあなたの仕事を手伝いましょうか。

_____

分離動詞　話法の助動詞　従属接続詞

ドイツ語にしましょう。

1　あなたはなぜそのパーティーに参加しないのですか。

　　なぜならば、今晩、仕事をしなければならないからです。

　　_____

　　_____

2　雨が激しく降っているにもかかわらず、彼は私を外で待つつもりです。

　　_____

3　私は週末、雪がたくさん降ると思います（glauben）。

　　_____

4　もし明日の晩、時間があるならばコンサートに行きましょう。

　　_____

5　彼が私たちを明日、お茶に招待してくれるかどうか、君は知っていますか。

　　_____

✎ 第7課　追加練習問題 ✎

再帰表現

ドイツ語にしましょう。

1 君は誰のために働くのですか。　私は自分自身のために働きます。

_____

2 自らを欺いてはいけません（sich⁴ betrügen）。　［du に対する命令形］

_____

3 私たちは仕事の際にお互いに助けあうつもりです。

_____

4 私は誕生日に（zum Geburtstag）スマートフォン（Smartfon 中）が欲しい（sich³ 4 格 wünschen）。

_____

5 彼は私の母に自己紹介します（sich⁴ vorstellen）。

_____

6 朝食（Frühstück 中）の前に君は顔を洗い、ひげを剃らなければなりません（sich⁴ rasieren）。

_____

7 君はその男子大学生とその町（Stadt 女）の歴史について歓談します（sich⁴ über+4 格 unterhalten）。

_____

8 私の妻はまだドイツでのその習慣（Gewohnheit 女）に慣れることができません（sich⁴ an+4 格
  gewöhnen）。

_____

9 なぜ君たちはその少年（Junge 男 -n /-n）に腹を立てているのですか（sich⁴ über+4 格 ärgern）。

_____

10 私たちはいつか（einmal）その映画をじっくり鑑賞したいです（sich³ 4 格 ansehen）。

_____

zu 不定詞

ドイツ語にしましょう。

1 毎朝、早く起床するのは健康的（gesund）です。　［es を文頭に］

2 君は彼女に手紙を書く気はないのですか。

3 私の女友達は私に別れを告げることなしに、その列車に（in+4 格）乗車します（einsteigen）。

4 君は私に明日、彼女とそれについて（darüber）話すと約束してくれますか。

5 彼女の夢はいつか政治家になることです。

6 今、私には彼の質問に答える時間がありません。

7 私たちの同僚（Kollege 男）は私に何かを言うことなくこっそりと（heimlich）立ち去ります。

8 環境（Umwelt 女 定冠詞）を守る（schützen）ためには何をするべきでしょうか。

9 今日、彼らは図書館で試験（Prüfung 女）のために勉強する代わりにハイキングをします。

10 君たちは夕食（Abendessen 中）後、演劇を見に行くことを予定してますか。

第8課　追加練習問題

3 基本形の表を完成させましょう。　☆がついているのは不規則動詞です。

		過去基本形	過去分詞
1	machen　する	_____	_____
2	hören　聞く	_____	_____
3	schalten　切り替える	_____	_____
4	waschen ☆　洗う	_____	_____
5	abfliegen ☆　飛び立つ	_____	_____
6	ausbrechen ☆　突然起こる	_____	_____
7	umziehen ☆　引っ越す	_____	_____
8	erschrcken ☆　驚く	_____	_____
9	vergessen ☆　忘れる	_____	_____

現在完了形

現在完了形のドイツ語にしましょう。

1　何時に私たちの飛行機はヨーロッパへ飛び立ちましたか。

_____

2　いつ君は旅行（Reise 囡）から戻ってきたのですか（zurückkommen）。

_____

3　週末、あなたは何をしていましたか。

_____

4　昨日、彼らはこの町に引っ越してきました。

_____

5　Frieda はラジオを消しました（ausschalten）。　すると、君はテレビをつけました（anschalten）。

_____

6 　私は傘（Regenschirm 男 定冠詞）を持参する（mitnehmen）のをすっかり（ganz）忘れていました。

_____

7 　戦争（Krieg 男　不定冠詞）が東ヨーロッパ（Osteuropa）で突然起こったことを君は知っていますか。

_____

8 　私の子供は食事の前に手を洗いました。

_____

過去形

過去形のドイツ語にしましょう。

1 　夏のあいだ、君たちは試験（Prüfung 女）のために勉強しなければなりませんでした。

_____

2 　あなたは熱があったので、その本を彼に返せなかったのですか（zurückgeben）。

_____

3 　その作曲家は医者の助言に従い（auf den Rat）、休養のために（zur Erholung）長くある村
　　（Dorf 中）に滞在しました（sich⁴ aufhalten）。

_____

4 　私たちはそのことについて（davon/darüber）聞いたとき（従属接続詞 als を使う）、びっくりしま
　　した（erschrecken）。

_____

✎ 第9課 追加練習問題 ✎

形容詞の格語尾　形容詞の名詞化

形容詞の格語尾を入れましょう。　完成した文を訳しましょう。

1　Mit groß＿＿＿ Mühe hat sie endlich zwei Goldmedaillen gewonnen.

　　Leider bestehen sie aber nicht aus rein＿＿＿ Gold.

　　＿＿＿＿＿＿＿＿＿＿＿＿＿＿＿＿＿＿＿＿＿＿＿＿＿＿＿＿＿＿＿

2　In dieser schön＿＿＿ Boutique hat gestern die jung＿＿＿ Frau eine blau＿＿＿ Bluse und

　　einen weiß＿＿＿ Rock gekauft.

　　＿＿＿＿＿＿＿＿＿＿＿＿＿＿＿＿＿＿＿＿＿＿＿＿＿＿＿＿＿＿＿

3　Die Deutsch＿＿＿ stellt dem nett＿＿＿ Mädchen einen lebhaft＿＿＿ Jungen vor.

　　＿＿＿＿＿＿＿＿＿＿＿＿＿＿＿＿＿＿＿＿＿＿＿＿＿＿＿＿＿＿＿

4　Ein Deutsch＿＿＿ diskutiert mit den Alt＿＿＿ über japanisch＿＿＿ Kultur.

　　＿＿＿＿＿＿＿＿＿＿＿＿＿＿＿＿＿＿＿＿＿＿＿＿＿＿＿＿＿＿＿

5　Steht in der Zeitung etwas Neu＿＿＿ ？ ― Nein, in der Zeitung steht nichts Neu＿＿＿ .

　　＿＿＿＿＿＿＿＿＿＿＿＿＿＿＿＿＿＿＿＿＿＿＿＿＿＿＿＿＿＿＿

受動文

与えられた語句をすべて用いて、受動文にしましょう。

1　町の中央にその偉大な侯爵によって壮麗な記念碑が建立されました。

　　werden, von, erbauen, ein prächtiges Denkmal, In der Stadtmitte, sein,

　　der große Fürst（男 -en / -en）　　　　　　　　　　　　　　　　　　［現在完了形］

　　＿＿＿＿＿＿＿＿＿＿＿＿＿＿＿＿＿＿＿＿＿＿＿＿＿＿＿＿＿＿＿

2　ある日本人作曲家のオペラがその指揮者によって初演されました。

　　werden, von, der Dirigent（男 -en / -en）, ein japanischer Komponist（男 -en / -en）,

　　uraufführen, die Oper　　　　　　　　　　　　　　　　　　　　　　［過去形］

　　＿＿＿＿＿＿＿＿＿＿＿＿＿＿＿＿＿＿＿＿＿＿＿＿＿＿＿＿＿＿＿

- 18 -

3 君はある旅人から駅への道を尋ねられましたか。

werden, von, zum Bahnhof, ein Tourist (男 -en /-en）, fragen, du,

nach dem Weg [過去形]

_____

4 これらの巨大な建物はある有名な建築家によって設計されたことを君は知っていますか。

werden, von, ein bekannter Architekt (男 -en /-en）, dass, planen, du,

sein, diese riesigen Gebäude, wissen [受動文は現在完了形]

_____

5 この物語には南ドイツの美しい景観が描かれていると私は思います。

sein, glauben, die schöne Landschaft, beschreiben, Süddeutschland, dass,

ich, in dieser Erzählung, von

_____

日付

日付を1格の形で書きましょう。

1 1月1日

_____

2 6月12日

_____

3 12月18日

_____

4 3月27日

_____

5 11月9日

_____

6 4月4日

_____

7 2月26日

_____

8 8月15日

_____

ドイツ語にしましょう。

1 10月3日はドイツではドイツ統一の日（der Tag der Deutschen Einheit）です。

_____

2 日本では5月5日に何を祝いますか（feiern）。

_____

3 あなたはいつどこで生まれましたか（sein .... geboren）。

私は 2002 年 7 月 31 日に東京で生まれました。

_____

_____

✐ 第10課　追加練習問題 ✐

比較表現　so 原級 wie の用法

ドイツ語にしましょう。

1　私の夫は私の両親と同じくらいゆっくり（langsam）話しました。　［現在完了形］
_____

2　この指輪はあの指輪の2倍値段が高い（teuer）です。　［doppelt so ... wie を使う］
_____

3　私は君ほど速くは泳げません（schwimmen）。
_____

比較表現　比較級の用法

ドイツ語にしましょう。

1　私の弟は私の兄より背が高いです。
_____

2　彼は私よりも30分（dreißig Minuten）早く起床します。
_____

3　君は私よりもずっと速く走りました（rennen）。
_____

比較表現　最上級の用法

ドイツ語にしましょう。

1　ヨーロッパ（Europa）で1番長い（lang）川（Fluss 男）はドナウ川（die Donau）ではなく、
　　ヴォルガ川（die Wolga）です。
_____

2　このクラスで誰が1番速く計算できますか（rechnen）。

　　Frank が1番速くかつ1番正確に（genau/richtig）計算できます。

_____

_____

3　すべての花の中でこの花が1番美しいです。

_____

定関係代名詞

点線の名詞を定関係代名詞にして2文をつなげましょう。　完成した文を訳しましょう。

1　Heute besichtigen wir den Dom.　Diese Stadt hat _ihn_ im Jahr 2015 wieder aufgebaut.

_____

2　Wie heißt der Schriftsteller?　_Der Schriftsteller_ hat dieses Jahr den Nobelpreis bekommen.

_____

3　Ich habe versucht, mit einer Frau zu sprechen.

　　Der Sohn _der Frau_ ist ein weltberümter Fußballspieler.

_____

4　Die Kinder bestanden alle die Prüfung.　Ich habe _ihnen_ beim Lernen geholfen.

_____

5　Der Student kommt aus der Schweiz.　Gestern haben wir mit ihm Fußball gespielt.

_____

6　Hast du schon den historischen Roman gelesen?

　　Diese Studenten sprechen jetzt von dem _Roman_?

_____

_____

定・不定関係代名詞

ドイツ語にしましょう

1　私は彼に、私が興味を持っている（sich⁴ für+ 4 格 interessieren）ある村の歴史について（von）
　　語りました（erzählen）。　　　　　　　　　　　　　　　　　　　　　[主文は過去形]

_____

2　私たちは、あるドイツ人男性が私たちに勧めてくれた（empfehlen）そのドイツ映画をいつか
　　（einmal）じっくり鑑賞したいです（sich³ 4 格 ansehen）。　　　　[副文は現在完了形]

_____

3　この本の中に描写されている（beschreiben）その美しい（wunderschön）風景（Landschaft 女）
　　を見るために、私たちはスイスへ旅行しました。　　　　　　　　　　[主文は現在完了形]

_____

4　私にそれについて（darüber）あなたが考えている（denken）ことをすべて言って（sagen）くだ
　　さい。

_____

5　当時、私に足りなかった（fehlen）のは、そうするための（dazu）勇気（Mut 男 定冠詞）でした。
　　　　　　　　　　　　　　　　　　　　　　　　　　　　　　　　　　　　[過去形]

_____

6　この川（Fluss 男）で釣りをしたい（angeln）人は、事前に（vorher）許可（Genehmigung 女）
　　を申請しなければ（beantragen）なりません。

_____

✒ 文法補遺　練習問題　✒

不定詞の動詞が -n の動詞

不定詞を変化させて文を完成させましょう。　完成した文を訳しましょう。

1 ＿＿＿＿＿＿＿＿＿＿ ihr gern in den Bergen（in den Bergen「山へ」）?

　　― Ja, wir ＿＿＿＿＿＿＿＿＿＿ gern in die Berge.　　　　　　【wandern】

　　＿＿＿＿＿＿＿＿＿＿＿＿＿＿＿＿＿＿＿＿＿＿＿＿＿＿＿＿＿＿＿＿＿＿＿＿＿

　　＿＿＿＿＿＿＿＿＿＿＿＿＿＿＿＿＿＿＿＿＿＿＿＿＿＿＿＿＿＿＿＿＿＿＿＿＿

2 Er ＿＿＿＿＿＿＿＿＿＿ jetzt sein Bestes（sein Bestes「彼の最善」）.　　　【tun】

　　＿＿＿＿＿＿＿＿＿＿＿＿＿＿＿＿＿＿＿＿＿＿＿＿＿＿＿＿＿＿＿＿＿＿＿＿＿

3 Ich ＿＿＿＿＿＿＿＿＿＿ immer mutig（mutig「勇敢に」）.　　　　　【handeln】

　　＿＿＿＿＿＿＿＿＿＿＿＿＿＿＿＿＿＿＿＿＿＿＿＿＿＿＿＿＿＿＿＿＿＿＿＿＿

4 Hier ＿＿＿＿＿＿＿＿＿＿ ich Forellen（Forellen 複 < Forelle 女 鱒（マス））.

　　　　　　　　　　　　　　　　　　　　　　　　　　　　　　　　【angeln】

　　＿＿＿＿＿＿＿＿＿＿＿＿＿＿＿＿＿＿＿＿＿＿＿＿＿＿＿＿＿＿＿＿＿＿＿＿＿

否定疑問文の答え方

日本語の意味にあうように疑問文に答えましょう。

1 Trinkst du nicht gern Cola?　―　＿＿＿＿＿＿＿＿＿＿＿＿＿＿＿＿＿＿ .

　　君はコーラを飲むのが好きではないのですか。　はい、コーラを飲むのは好きではありません。

2 Kommst du heute nicht?　　　―　＿＿＿＿＿＿＿＿＿＿＿＿＿＿＿＿＿＿ .

　　君は今日来ないのですか。　　いいえ、今日、私は来ます。

3 Lernt er fleißig?　　　　　　　―　＿＿＿＿＿＿＿＿＿＿＿＿＿＿＿＿＿＿ .

　　彼は一生懸命に勉強していますか。　　はい、彼は一生懸命に勉強しています。

4 Sind Sie nicht gesund?　　　　―　＿＿＿＿＿＿＿＿＿＿＿＿＿＿＿＿＿＿ .

　　あなたは健康ではないのですか。　　いいえ、私はとても健康です。

疑問詞 wie　（年齢と値段の表現）

ドイツ語にしましょう。　（数字は算用数字ではなくドイツ語表記、4.5.6 の「それ」は人称代名詞で）

1　君は何歳ですか。私は 18 歳です。　[18 歳は 18 Jahre alt と表記します]

_____

2　彼の祖父は何歳ですか。　彼は 87 歳です。

_____

3　あなたは何歳ですか。　私は 46 歳です。

_____

4　その CD はいくらですか。　それは 12 ユーロ 75 セントです。

　　　　　　　　　　　　　[12 ユーロ 75 セントは 12 Euro 75 と表記します]

_____

5　そのボールペンはいくらですか。　それは 1 ユーロ（ein Euro の 4 格）51 セントです。

_____

6　その本はいくらですか。　それは 33 ユーロ 60 セントです。

_____

非人称の es

ドイツ語にしましょう。

1　明日は雨がたくさん降りますか。　いいえ、明日は雪が強く降ります。

_____

2　今日は暖かいですか。　いいえ、今日はとても寒いです。

_____

3　君は寒いですか。　いいえ、私は暖かい（warm）です。

_____

4　あなたのご両親はお元気ですか。　ありがとうございます。とても元気です。

_____

5　この山の周りに 5 つの湖（See 男 -s / -n ）があります。

_____

未来形

ドイツ語にしましょう。

1　来年、私はドイツに留学するつもりです。

_____

2　さあ、もう寝なさい。　[「君は今、ベット（Bett 中）の中へ行く」の未来形]

_____

3　彼はおそらく病気でしょう。

_____

指示代名詞

適切な指示代名詞を入れましょう。　完成した文を訳しましょう。

1　Gestern habe ich meiner Freundin einen Diamantring geschenkt.

　Aber _____ gefällt ihr leider nicht.

_____

2　Mein Auto ist doppelt so teuer wie _____ meines Bruders.

_____

3　Stefan reist mit seinem Freund und _____ Sohn nach Österreich.

_____

使役動詞

ドイツ語にしましょう。

1　君は君の息子に祖父の庭仕事（Gartenarbeit 女）を手伝わせます。

_____

2　Klaus は彼の母親に自分の（彼の）部屋を片付けさせます（aufräumen）。

_____

3　私たちは私たちの子供を病院（Krankenhaus 中）へ（〜の中へ）運んで（bringen）もらいます（運ばせます）。

_____

知覚動詞

例にならって作文しましょう。 完成した文を訳しましょう。

例：Ich sehe.   /   Ein Hund liegt unter dem Baum.

　　私は見ます。　　　1匹の犬が木の下に横たわっています。

　　　　　→　Ich sehe einen Hund unter dem Baum liegen.

　　　　　　私は1匹の犬が木の下で横たわっているのを見ます。

1　Wir hören. Ein Mann spielt ausgezeichnet Geige.

_____

2　Anna sieht. Ihr Freund wartet draußen auf sie.

_____

3　Ich fühle. Mein Herz schlägt stark.

_____

現在分詞

例にならって作文しましょう。 完成した文を訳しましょう。

例： Kennst du den Mann?   /   Er sitzt auf der Bank.

　　君はその男の人を知っていますか。　　　彼はベンチに座っています。

　　　　　→　Kennst du den auf der Bank sitzenden Mann?

　　　　　　君はベンチに座っているその男の人を知っていますか。

1　Kennen Sie die Frau? Sie ruft laut zu uns.

_____

2　Ich fotografierte einen Jungen. Er tanzt auf der Bühne sehr lebhaft.

_____

3　Er hat sich das Mädchen angesehen. Es singt ein deutsches Lied sehr schön.

_____

過去分詞

例にならって作文しましょう。　完成した文を訳しましょう。

例：　Ich esse den Kuchen.　　　／　Der Kuchen wurde von ihm für mich gebacken.
　　　私はそのケーキを食べます。　　そのケーキは彼によって私のために焼かれました。
　　　　　　　→　Ich esse den von ihm für mich gebackenen Kuchen.
　　　　　　　私は彼によって私のために焼かれたそのケーキを食べます。

1　Im Wohnzimmer seines Hauses hängt eine Malerei an der Wand.
　　Sie wurde von seinem Großvater gemalt.

　　_____

2　Der Pianist hat ein Werk gespielt.　Es wurde 1819 von Beethoven komponiert.

　　_____

3　Erinnerst du dich noch an jenen Baum?
　　Er wurde von uns im Garten der Schule eingepflanzt.

　　_____

4　Ein Tourist ist aus dem Zug ausgestiegen.　Der Zug ist spät in der Nacht angekommen.

　　_____

比較級

ドイツ語にしましょう

1　秋には昼間（Tag の複数形）はますます短く（kurz）なり、そして、夜（Nacht の複数形）はます
　　ます長く（lang）なります。

　　_____

2　昼間が短くなればなるほど、夜はますます長くなります。

　　_____

Name :

改訂版・ドイツ語を学ぼう！
別冊練習問題集　　　2023/02

◆ 重要表現

dürfen の否定文 「〜してはいけない」 : **Du darfst nicht** ausgehen.　　　君は外出してはいけない。

Wollen wir…?　　　　「〜しましょう」 : **Wollen wir** ins Café gehen*?　　　カフェに行きましょう。

Soll ich…?　　　　「〜しましょうか」 : **Soll ich** das Fenster aufmachen?　窓を開けましょうか。

◆ 単独用法（不定詞をともなわない用法）

Ich mag* Jazz.　　　　私はジャズが好きです。 *mögen は単独で用いると「〜が好きだ」の意味になります。

Wir möchten Kaffee.　　私たちはコーヒーがほしいです。

Übung **6**　適切な話法の助動詞を入れましょう。 🎧 35

1　...................... ihr ihn verstehen?　　　　　　君たちは彼を理解することが出来ますか。

2　Er .... morgen um fünf Uhr aufstehen.　　彼は明日、5 時に起きなければなりません。

3　Wie lange .... du in Deutschland studieren?
　　君はどれくらいの期間、ドイツに留学するつもりですか。

4　Man* .... hier nicht parken.　　　　ここに車を止めてはいけません。
　　　　　　　　　　　　　*man は一般的な人を表わす代名詞（不定代名詞）です。訳さないことが多いです。

5　...................... wir langsam* gehen?　　　そろそろ行きましょう。 *langsam「ゆっくりと（そろそろ）」

6　...................... ich das Fenster zumachen?　　窓を閉めましょうか。

7　...................... du lieber* Wein?　君はワインのほうが欲しいですか。 *lieber「より好んで（gern の比較級）」

8　Sophie .... Kaffee.　　　　　　　Sophie はコーヒーが好きです。

Übung **7**　*Übung* 6 を参考にドイツ語にしましょう。

1　彼はこの文章（dieser Satz）を理解することができますか。

　_____

2　君たちは休憩なしで（ohne Pause）働かなければなりません。

　_____

3　いつまで（bis wann）彼女はスイスに（in der Schweiz）留学しているつもりですか。

　_____

4　ここで（hier）たばこを吸って（rauchen）はいけません。

　_____

5　映画を見に行きましょう（ins Kino gehen）。

　_____

6　あなたをお手伝いしましょうか（helfen）。

　_____

7　私はビールのほうが欲しいです。君も（auch）ビールが好きですか。

　_____

第6課

Übung 8　話法の助動詞を用いて文を書きかえましょう。完成した文を訳しましょう。

1 Mein Vater ist schon im Büro. [mögen]

______

2 Seine Tochter hat Grippe*. [müssen] *Grippe「インフルエンザ」

______

3 Wann reist du nach Europa ab? [wollen]

______

4 Nimmst du am Seminar nicht teil? [können]

______

5 Gehen wir heute nicht aus? [dürfen]

______

従属接続詞

従属接続詞は英語の *because, if, when* などに相当し、副文（従属文）を導く働きをします。

dass	～ということ	**obwohl**	～にもかかわらず	**ob**	～かどうか
weil	～なので	**wenn**	もし～ならば、～するとき		

従属接続詞に続く文を**副文**（従属文）といいます。**副文では定動詞が後置されます。**
主文と副文の間はコンマで区切ります。

定動詞後置

Er kommt heute nicht, **weil** er krank **ist.** 彼は病気だから、今日は来ません。

主文 副文

副文が主文の前にくると、主文は〈定動詞＋主語…〉の順になります。これは副文が文全体の文頭（1 番目の要素）とみなされるからです。

主文の定動詞

Weil er krank ist, **kommt** er heute nicht.

副文 主文

◆ 分離動詞や話法の助動詞の副文

分離動詞の場合、基礎となる動詞が後置されて前つづりと 1 語になります。また話法の助動詞の場合、定動詞である話法の助動詞が後置されます。

分離動詞　　：Ich **stehe** morgen um sechs Uhr **auf**.

→ weil ich morgen um sechs Uhr **aufstehe**.

話法の助動詞：Er **soll** hier auf sie warten.　→ dass er hier auf sie warten **soll**.

Übung 9　　[　]内の文を従属接続詞を用いて副文にしましょう。

1　Weißt*du, _____?

[Die Studenten kommen aus der Schweiz.]

　　その学生たちがスイス出身であるのかどうか君は知っていますか。　　　　　　　*weißt < wissen → 18 頁

2　_____, spielen Kinder draußen Fußball.

[Es* regnet stark.]

　　雨が強く降っているにもかかわらず、子どもたちは外でサッカーをしています。　　　*es 非人称主語→ 88 頁

3　Ich hoffe, _____.

[Du wirst wieder gesund.]

　　君がまた健康になることを、私は願っています。

4　_____, darf es heute nicht ausgehen.

[Das Kind hat Fieber.]　　　　　　　その子どもは熱があるので、今日は外出してはいけない。

5　Wollen wir einen Ausflug machen, _____?

　　天気が良ければハイキングしましょう。　　　　　　　[Das Wetter ist schön.]

Übung 10　　2 つの文を従属接続詞を用いてつなげましょう。完成した文を訳しましょう。

1　Ich weiß nicht.　Das Wetter wird am Wochenende schön.　　[ob]

_____

2　Es schneit viel.　Sie muss zur Arbeit gehen.　　[obwohl]

_____

3　Ich hoffe.　Sie rufen mich heute Abend wieder an.　　[dass]

_____

4　Er hat keine Zeit.　Er kann auf uns nicht warten.　　[weil]

_____

5　Wir spielen zu Hause Computerspiele.　Das Wetter ist morgen schlecht*.　　[wenn]

*schlecht「悪い」

_____

第 7 課　　再帰表現　zu 不定詞

✖ *再帰表現*

◆ 再帰代名詞

「自分自身に（を）」というように、主語と同一のものを表す代名詞を再帰代名詞といい、次のように変化します。

		1人称	2人称（親称）	3人称			2人称（敬称）
単数		ich	du	er	sie	es	Sie
	3格	mir	dir	sich	sich	sich	sich
	4格	mich	dich	sich	sich	sich	sich
複数		wir	ihr	sie			Sie
	3格	uns	euch	sich			sich
	4格	uns	euch	sich			sich

☆ 1人称と親称2人称の再帰代名詞は人称代名詞と同形です。

☆ 3人称および敬称2人称 Sie「あなたは、あなたたちは」の再帰代名詞は、3格、4格ともに **sich** です。

① 再帰代名詞は、主語の行為が自分自身に向けられる場合に用いられます。

人称代名詞を用いた表現：

Er kauft ihm ein Buch.　　　　　　　彼は彼に本を買ってあげます。（er と ihm は別人）

再帰表現：

Er kauft **sich** ein Buch.　　　　　　彼は**自分のために**本を買います。（er と sich は同一人物）

② 主語が複数のとき、再帰代名詞は「お互いに」の意味になることがあります。

Wir helfen **uns** immer.　　　　　　私たちはいつもお互いに助け合っています。

Klaus und Maria kennen **sich**.　　　Klaus と Maria はお互いに知り合いです。

③ 自分の身体部分を言う場合は3格の再帰代名詞が用いられます。

Ich putze **mir** die Zähne.　　　　　私は（自分の）歯を磨きます。

Wäschst du **dir** die Hände?　　　　君は（自分の）手を洗いますか。

Übung 1　再帰代名詞を入れましょう。🎧

36

1　Ich kaufe .... dieses Motorrad.　　　　　私はこのオートバイを（自分のために）買います。

2　Wollen Sie .... diese Wohnung nicht kaufen?

　　あなたはこの住居を（自分のために）買うつもりはないのですか。

3　Du denkst immer nur an* .... selbst**.　君はいつも君自身のことしか考えていません。

　　　　　*an +4格 denken「…4格のことを考える」　**selbst をつけると「自分自身」の意味が強調されます。

4　Wir verstehen .... sehr gut.　　　　　私たちはお互いにとてもよく理解し合っています。

5　Klaus wäscht .... das Gesicht.　　　　Klaus は顔を洗います。

6　Nach dem Essen putzt ihr .... die Zähne.　食後に君たちは歯を磨きます。

Übung 2　_Übung_ 1 を参考にドイツ語にしましょう。

1　君たちはこの自転車（dieses Fahrrad）を（自分たちのために）買うのですか。

_____

2　君はこのコンピュータ（dieser Computer）を（自分のために）買いたいですか（möchte）。

_____

3　彼はいつも自分自身のことしか考えていません。

_____

4　Naomi と Thomas はお互いに知り合いです（kennen）。

_____

5　食事（das Essen）の前に（vor +3格）私は手（die Hände 複）を洗います。

_____

6　君は毎朝（jeder Morgen の4格）、歯を磨きますか。

_____

◆ 再帰動詞

〈動詞＋再帰代名詞〉の形で特定の意味を表す動詞を**再帰動詞**といいます。例えば **setzen** は「…4 格を座らせる」という意味ですが、再帰代名詞とともに用いられると「自分自身を座らせる」ではなく、「座る」あるいは「腰掛ける」という意味になります。

　　　　　Ich setze das Kind auf den Stuhl.　　私はその子どもをイスに座らせる。

　　再帰動詞：**Ich setze mich** auf das Sofa.　　私はソファに**座る**（腰掛ける）。

再帰代名詞は辞書では 再、あるいは sich³（再帰代名詞の 3 格）、sich⁴（再帰代名詞の 4 格）と表されます。

sich⁴ setzen　座る（腰掛ける）	sich⁴ erkälten　風邪をひく	sich⁴ legen　横になる
sich⁴ beeilen　急ぐ	sich⁴ fühlen　感じる	sich⁴ verspäten　遅れる

45

Übung **3**　再帰代名詞を入れましょう。完成した文を訳しましょう。🎧 37

1　Wir setzen ＿＿＿＿ auf die Bank.

2　Ich erkälte ＿＿＿＿ oft.

3　Legen Sie ＿＿＿＿ auf das Bett !

4　Maria und Franziska, beeilt ＿＿＿＿, bitte* ! (ihr に対する命令)

5　Fühlst du ＿＿＿＿ wohl?

6　Der Zug verspätet ＿＿＿＿ etwa 20 Minuten*.　　　　　　*etwa 20 Minuten「約20分」

Übung **4**　*Übung* **3** を参考にドイツ語にしましょう。

1　その少年 (der Junge) はようやく (endlich) 椅子 (der Stuhl) に (auf ＋ 4格) 座ります。

＿＿＿＿＿＿＿＿＿＿＿＿＿＿＿＿＿＿＿＿

2　冬に (im Winter)、私たちはめったに (selten*) 風邪を引きません。　　　　*selten「めったに〜ない」

＿＿＿＿＿＿＿＿＿＿＿＿＿＿＿＿＿＿＿＿

3　私たちの父親 (unser Vater) はテレビ (der Fernseher) の前に (vor ＋ 4格) 横たわります。

＿＿＿＿＿＿＿＿＿＿＿＿＿＿＿＿＿＿＿＿

4　Franziska、急いで。

＿＿＿＿＿＿＿＿＿＿＿＿＿＿＿＿＿＿＿＿

5　私は気分があまり良くありません (nicht so wohl)。

＿＿＿＿＿＿＿＿＿＿＿＿＿＿＿＿＿＿＿＿

6　その飛行機 (das Flugzeug) は 30 分ほど遅れています。

＿＿＿＿＿＿＿＿＿＿＿＿＿＿＿＿＿＿＿＿

◆ 再帰動詞の熟語

sich⁴ auf ＋ 4格 freuen　…4格を楽しみにしている　　　　sich⁴ über ＋ 4格 freuen　…4格を嬉しく思う

sich⁴ für ＋ 4格 interessieren　…4格に興味がある　　　　sich⁴ an ＋ 4格 erinnern*　…4格を覚えている
　　　　　　　　　　　　　　　　　　　　　　　　　　　* 不定詞の語尾が −n の動詞も少数あります。→ 86 頁

Übung **5**　文を完成させましょう。🎧 38

1　＿＿＿＿ du ＿＿＿＿ schon ＿＿＿＿ das Unifest?
　　君は大学祭をすでに楽しみにしていますか。

2　Wir ＿＿＿＿ ＿＿＿＿ sehr ＿＿＿＿ das Geschenk.
　　私たちはそのプレゼントをとてもうれしく思います。

3　Simon ＿＿＿＿ ＿＿＿＿ die Geschichte des Dorfes.
　　Simon はその村の歴史に興味があります。

4　Ich ＿＿＿＿ ＿＿＿＿ ＿＿＿＿ jenen Tag.　　　私はあの日のことを覚えています。

$\mathcal{Ü}bung\,6$　$\mathcal{Ü}bung\,5$ を参考にドイツ語にしましょう。

1　私はその音楽（die Musik）に興味があります。

_____

2　だから（also）私はそのコンサート（das Konzert）をとても（sehr）楽しみにしています。

_____

3　Schneider 一家（Familie Schneider 女無冠詞）は私の訪問（mein Besuch 男）をとても喜んでいます。

_____

4　その子どもたちはまだ（noch）私のことを覚えています。

_____

✳ *zu 不定詞*

◆ **zu 不定詞と zu 不定詞句**

zu 不定詞は、不定詞の前に zu を置いて作ります。ただし分離動詞の場合は前綴りと基礎となる動詞の間に **zu** をすき間なく入れます。

　　sprechen → **zu** sprechen　　　　　分離動詞 an|rufen → an**zu**rufen

zu 不定詞にさまざまな要素が加わると「zu 不定詞句」と呼ばれます。zu 不定詞句は英語と逆の語順になります。

　　gut Deutsch **zu sprechen**　　　　　　　上手にドイツ語を話すこと
　　jeden Morgen um sechs Uhr **aufzustehen**　　毎朝、6 時に起床すること

◆ **zu 不定詞（句）の用法**

① 名詞的用法：「～すること」という意味で主語や目的語として使われます。また es が先行して、あとの zu 不定詞（句）を受けることがあります。

　　ⅰ）主語や sein の述語として用いられます。
　　　語調を整えるために zu 不定詞（句）を受ける es が前に置かれることがあります。

　　　　　　　　　　　　　zu 不定詞句の前後はコンマで区切ることが多いです。
　　　　　　　　　　　　　　　　　　　↓
Deutsch zu sprechen ist schwierig. = **Es ist schwierig, Deutsch zu sprechen.**
　　　主語　　　　　　　　　　　ドイツ語を話すことは難しいです。
Mein Traum ist Politiker zu werden.　　私の夢は政治家になることです。
　　　　　　　　　述語

47

ⅱ) 目的語として用いられます。

zu 不定詞（句）を受ける目的語の es は通常省略されます。

Wir haben -es- vor*, am Wochenende einen Ausflug zu machen.

私たちは週末にハイキングすることを予定しています。　　　　　*haben...vor < vor|haben「予定する」

Du versprichst* -es- uns, uns aus der Not zu retten

君は私たちを困難から救い出すことを私たちに約束する。　　　　*versprichst < versprechen「約束する」

Übung **7**　[　]内の語を必要に応じて変化させ、文を完成させましょう。........には 1 単語、あるいは分離動詞の前綴りが入ります。 🎧 39

1　[es, nicht leicht, beherrschen, eine Fremdsprache, perfekt, zu]

.... ist ....,.......... ....

外国語を完璧に習得することは容易ではありません。

2　[sein Wunsch, zu, in Deutschland, studieren]

.... ist einmal ....

彼の願いはいつかドイツ（の大学）に留学することです。

3　[vor|haben, zu, an einer Konferenz, teil|nehmen*]

Ich ...., am Freitag ....

私は金曜日にある会議に参加することを予定しています。　　　*an ＋3格 teil|nehmen「…3 格に参加する」

4　[noch einmal, versprechen, an|rufen, zu]

Er .... mir, sie ....

彼は私に彼女にもう 1 度電話することを約束します。

5　[Ihnen, sein, zu, glücklich]

Wir wünschen ....,................... ....

私たちはあなたに幸せであることを願っています。

② 形容詞的用法：zu 不定詞（句）が名詞の後に置かれ、名詞を修飾します。

Hast du Lust*, mit uns auf einen Berg zu steigen?　　君は我々と山を登る気はありますか。

　　　　　　　　　　　　　　　　　　　　　*Lust 女「（何かをしようとする）気持ち」

Haben Sie keine Zeit, ins Kino zu gehen?　　あなたは映画を観に行く時間がないのですか。

③ zu 不定詞（句）の特殊な使い方：zu 不定詞（句）が特定の前置詞とともに用いられると次のような意味になります。

um…**zu**	不定詞	～するために
ohne…**zu**	不定詞	～することなしに
statt…**zu**	不定詞	～する代わりに、～せずに

Sie geht aus, **um im Supermarkt einzukaufen.**

彼女はスーパーマーケットで買い物をするために外出します。

Ohne uns etwas zu sagen, geht sie nach Hause.

私たちに何かを言うことなしに彼女は帰宅します。

Statt an der Vorlesung teilzunehmen, bummeln die Studenten in der Stadt.

講義に出る代わりにその学生たちは街をぶらついています。

Übung 8 ［　　］の語句を並びかえて文を完成させましょう。完成した文を訳しましょう。🎧 40

1 Ich habe keine Lust, ［geben, Taschengeld, zu, euch］.

　 Ich habe keine Lust, _____

2 Jetzt haben sie keine Zeit, ［sprechen, weiter, zu, mit mir, davon*］　　　*davon「それについて」

　 Jetzt haben sie keine Zeit, _____

3 Uwe kommt zu Anna, ［helfen, beim Lernen, zu, um, ihr］

　 Uwe kommt zu Anna, _____

4 Anna geht weg, ［auf seine Frage, antworten, zu, ohne］

　 Anna geht weg, _____

5 Wir gehen in ein Bierlokal, ［in der Bibliothek, zu, statt, schreiben, unsere Hausarbeit］

　 Wir gehen in ein Bierlokal, _____

Übung 9 ドイツ語にしましょう。 .... には 1 単語が入ります。

1 君たちは彼女と（mit + sie の 3格）パーティーに（zur Party）行く気はありますか。

　 Habt ihr ...., mit ....?

2 私たちには君たちとそのことについて（darüber）議論する（diskutieren）時間はありません。

　 Wir haben ...., mit .... darüber ....

3 私の父親（mein Vater）を迎えにいく（ab|holen）ために私は車で駅へ行きます。

　 .... , fahre ich mit dem Auto zum Bahnhof.

4 ノックをする（an|klopfen）ことなしに彼らは部屋の中に入ってきます（herein|kommen）。

　 .... , ... sie ins Zimmer ....

5 私は彼と電話で話す（telefonieren*）代わりに彼に手紙を書きます。

　 Ich schreibe ihm einen Brief, ... mit ....

6 その大学生たちは私たちに別れ（Abschied*）を告げるためにバスから降りてきます（aus|steigen）

　　　　　　　　　　　*von + 3格 Abschied nehmen「…3 格に別れをつげる」

　 Die Studenten .... aus dem Bus ....,

　 .... Abschied ....

第 7 課

第 8 課　　3 基本形　現在完了形　過去形

📖 3 基本形

動詞や助動詞の不定詞、過去基本形、過去分詞を 3 基本形といいます。

◆ 規則動詞と不規則動詞の 3 基本形

① 規則動詞：過去基本形は「語幹 -**te**」、過去分詞は「**ge**- 語幹 -**t**」になります。

不定詞（語幹 -en）	過去基本形（語幹 -te）	過去分詞（ge- 語幹 -t）
wohnen　住む	wohn**te**	**ge**wohn**t**
arbeiten　働く	arbeit**ete**	**ge**arbeit**et**

☆語幹が -t,-d などで終わる動詞には語幹のあとに e を入れます。

Übung 1　　規則動詞の 3 基本形の表を完成させましょう。

不定詞	意味	過去基本形	過去分詞
1　kaufen	買う	....	....
2　leben	生活する	....	....
3　reisen	旅行する	....	....
4　suchen	探す	....	....
5　warten	待つ	....	....

② 不規則動詞：巻末の「不規則動詞の変化表」で確認することができます。

不定詞		過去基本形	過去分詞
kommen	来る	**kam**	**ge**komm**en**
stehen	立っている	**stand**	**ge**stand**en**
bringen	持ってくる	**brachte**	**ge**brach**t**

Übung 2　　不規則動詞の 3 基本形の表を完成させましょう。

不定詞	意味	過去基本形	過去分詞
1　bleiben	とどまる	....	....
2　fahren	乗り物で行く	....	....
3　gehen	行く	....	....
4　haben	持っている	....	....
5　lesen	読む	....	....
6　nehmen	取る	....	....
7　rufen	叫ぶ	....	....

8	sehen	見る	....	....
9	sein	〜である	....	....
10	schreiben	書く	....	....
11	sprechen	話す	....	....
12	werden	なる	....	....

◆ 分離動詞の 3 基本形

	不定詞		過去基本形	過去分詞
規則動詞	**vor**|stellen	紹介する	stellte…**vor**	**vor**gestellt
不規則動詞	**an**|kommen	到着する	kam…**an**	**an**gekommen
	auf|stehen	起床する	stand…**auf**	**auf**gestanden

Übung 3　　3 基本形の表を完成させましょう。

	不定詞	意味	過去基本形	過去分詞
1	ab|reisen	旅立つ	....	....
2	ein|kaufen	買い物をする	....	....
3	ab|fahren	出発する	....	....
4	an|rufen	電話をかける	....	....
5	aus|gehen	外出する	....	....

◆ 過去分詞の語頭に **ge-** をつけない動詞

① 非分離動詞（**be, emp, ent, er, ge, ver, zer** などのアクセントのない前つづりがついた動詞）

★非分離動詞→ 88 頁

	不定詞		過去基本形	過去分詞
規則動詞	bestellen	注文する	bestellte	bestellt
不規則動詞	bekommen	手に入れる	bekam	bekommen
	verstehen	理解する	verstand	verstanden

② 不定詞が **-ieren** で終わる動詞（規則動詞）

不定詞		過去基本形	過去分詞
studieren	大学で勉強する	studier**te**	studier**t**

Übung 4　　3 基本形の表を完成させましょう。

	不定詞	意味	過去基本形	過去分詞
1	besuchen	訪問する	....	....
2	erkälten	（再帰で）風邪をひく	....	....
3	entdecken	発見する	....	....
4	verbringen	過ごす	....	....
5	komponieren	作曲する	....	....

第 8 課

✳ 現在完了形

ドイツ語では日常会話で過去の出来事を述べるときに主に現在完了形が使われます。
gestern「昨日」、gestern Abend「昨晩」、damals「当時」、schon「すでに」、schon mal「～したことがある」、einmal「1回」、zweimal「2回」、dreimal「3回」などの過去、完了、経験を表す副詞がよく用いられます。

◆ 現在完了形の作り方

平叙文では完了の助動詞 **haben** または **sein** が 2 番目に、過去分詞は文末に置かれます。
「はい」、「いいえ」で答える疑問文では haben / sein は文頭です。

haben / sein の現在人称変化…過去分詞（文末）

haben / sein の現在人称変化					
ich	habe	bin	wir	haben	sind
du	hast	bist	ihr	habt	seid
er	hat	ist	sie / Sie	haben	sind

Ich **habe** schon in der Mensa **gegessen***.　　私はすでに学食で食事をしました。

*gegessen ＜ essen

Bist du gestern zu ihm **gekommen**?　　君は昨日、彼のところに来ましたか。

完了の助動詞として haben / sein のどちらを用いるかは過去分詞になる動詞で決まります。
他動詞（4 格目的語とともに用いられる動詞）と多くの自動詞では haben が用いられます。
次の自動詞では sein が用いられます。

場所の移動を表す自動詞：	**gehen** 行く	**kommen** 来る	**fahren** （乗り物で）行く
	reisen 旅行する	**aus|gehen** 外出する	**an|kommen** 到着する
状態の変化を表す自動詞：	**werden** ～になる	**auf|stehen** 起床する	**ein|schlafen** 眠り込む
例外：	**sein** ～である	**bleiben** とどまる	

☆ 辞書では sein 支配の動詞には（s.）または（sein）の表記があります。（h.）または（haben）、あるいは何も記されていなければ haben 支配です。

Übung 5　現在完了形の文を完成させましょう。（不規則動詞は太文字にしてあります。） 🎧
41

1　Wo .... ihr damals ....? [leben]　君たちは当時、どこで暮らしていましたか。

2　Gestern .... wir viel .... [arbeiten]　昨日、私たちはたくさん働きました。

3　................ du schon dieses Buch ....? [**lesen**]　君はすでにこの本を読みましたか。

4　Ich .... schon zweimal den Film .... [**sehen**]
　　私はすでに 2 回、その映画を見ました。

5　Wohin .... du ....? [reisen]　君はどこに旅行しましたか。

52

6　Er .... gestern ins Konzert .... [**gehen**] 彼は昨日、コンサートに行きました。

7　Wegen der Krankheit .... ich den ganzen Tag zu Hause .... [**bleiben**]
　　病気のために私は一日中、家にいました。

Übung **6**　　*Übung* 5 を参考にドイツ語にしましょう。

1　あなたは当時、どこに住んでいましたか（wohnen）。

_____

2　昨晩、私たちは君を（auf + du の 4格）長い間（lange）待っていました（warten）。

_____

3　君はすでに彼と話しましたか（sprechen）。

_____

4　私は彼に 3 回、E メール（eine E-Mail）を書きました（schreiben）。

_____

5　Lukas は 1 か月（ein Monat 男）前に（vor + 3格）山で（in den Bergen）ハイキングをしました
　　（wandern*）。　　　　　　　　　　　　　　　　　　*wandern の語幹は wander です。→ 86 頁

_____

6　昨日、彼女は海へ（ans Meer）行きました（fahren）。

_____

7　寒さ（die Kälte）のために私の子供たち（meine Kinder 複）は病気に（krank）なりました（werden）。

_____

Übung **7**　　現在完了形の文を完成させましょう。（不規則動詞は太文字にしてあります。）🎧 42

1　Wie lange .... ihr gestern Abend .... ?　　[fern|**sehen**]
　　君たちは昨晩、どのくらい（の長さ）テレビを見ましたか。

2　Am Wochenende .... ich im Kaufhaus ....　　[ein|kaufen]
　　週末、私はデパートで買い物をしました。

3　Um wie viel Uhr .... du heute .... ?　　[auf|**stehen**]
　　君は今日、何時に起床しましたか。

4　Unser Flugzeug .... pünktlich in Salzburg ....　　[an|**kommen**]
　　私たちの飛行機は時間通りに Salzburg に到着しました。

5　Was .... Sie zum Geburtstag .... ?　　[be**kommen**]
　　あなたは誕生日に何をもらいましたか。

6　Vor einer Woche .... ich meine Großeltern ....　　[besuchen]
　　1 週間前に私は私の祖父母を訪ねました。

7　Er .... als Kind dieses Werk ....　　[komponieren]
　　彼は子供のころにこの作品を作曲しました。

Übung 8   *Übung* 7 を参考にドイツ語にしましょう。

1 私たちは昨晩、2 時間 (zwei Stunden) テレビを見ました。

_____

2 君は週末、デパートで買い物をしましたか。

_____

3 私は今日、7 時 (um sieben Uhr) に起床しました。

_____

4 君たちのバス (euer Bus) は時間通りにベルリン (Berlin) に到着しましたか。

_____

5 その少女 (das Mädchen) は誕生日に何を (was) もらいましたか。

_____

6 3 日 (drei Tage) 前に (vor + 3格)、私はある村 (ein Dorf 甲) を訪ねました。

_____

7 その作曲家 (der Komponist) は子供のころにそのオペラ (die Oper 女) を作曲しました。

_____

Übung 9   現在完了形にしましょう。完成した文を訳しましょう。

1 Ich rufe Herrn Müller an.   (schon zweimal を用いて)

_____

2 Wir erkälten uns nie.   (letztes Jahr「去年」を文頭に置いて)

_____

3 Morgen fahren wir von München ab.   (morgen を gestern Abend にして)

_____

4 Wo verbringen Sie den Urlaub?

_____

5 Ich telefoniere mit ihm.   (vor drei Tagen を文頭に置いて)

_____

6 Heute nimmt sie an einem Seminar teil.

_____

7 Wann reist du nach Wien ab?

_____

※ 過去形

過去形は過去の出来事を心理的な距離を置いて表現する場合、例えば小説、物語、新聞などの「書き言葉」で主に用いられます。ただし、haben, sein, werden, 話法の助動詞などは日常会話でも過去形が使われます。また過去形でも現在完了形と同様に、過去、完了、経験を表す副詞が用いられます。

◆ 過去人称変化

過去基本形に主語の人称に応じて語尾をつけます。

不定詞		leben	sein	haben	können	aus|gehen	entdecken
過去基本形		**lebte**	**war**	**hatte**	**konnte**	**ging…aus**	**entdekte**
ich	-	lebte	war	hatte	konnte	ging…aus	entdeckte
du	-st	lebtest	warst	hattest	konntest	gingst…aus	entdecktest
er, sie, es	-	lebte	war	hatte	konnte	ging…aus	entdeckte
wir	-(e)n	lebten	waren	hatten	konnten	gingen…aus	entdeckten
ihr	-t	lebtet	wart	hattet	konntet	gingt…aus	entdecktet
sie / Sie	-(e)n	lebten	waren	hatten	konnten	gingen…aus	entdeckten

☆ 主語が 1 人称単数（ich）と 3 人称単数（er, sie, es）のときには人称変化語尾がつきません。

Übung 10　過去形に書きかえ、完成した文を訳しましょう。

1　Hast du Fieber? ― Nein, ich habe kein Fieber. Ich bin gesund.　　[haben] / [sein]

_____

2　Sind Sie müde? ― Ja, ich bin müde. Aber ich muss weiter arbeiten.　　[sein] / [müssen]

_____

3　Ich kann nicht gut schlafen. Könnt ihr gut schlafen?　　[können]

_____

4　Wollen Sie mit uns spazieren gehen? ― Nein, leider haben wir keine Zeit dazu.

　　　　　　　　　　　　　　　　　　　　　　　　　　　　[wollen] / [haben]

_____

5　Seine Töchter werden Musikerinnen.　　[werden]

_____

Übung 11　過去形や現在完了形にしましょう。完成した文を訳しましょう。

1　Bist du in Wien?　　　　[sein]　　（schon mal を加えて「～したことがある」というニュアンスに）

_____

2　1492 entdeckt Kolombus Amerika.　　[entdecken]

_____

3　Freust du dich schon auf seinen Besuch?　　[freuen]

_____

4　Naomi und Thomas fotografieren viele Burgen.　　[fotografieren]

_____

5　Heute gehen wir nicht aus.　　[aus\|gehen]　（heute を gestern にかえて）

_____

第 8 課

第 9 課　形容詞の格語尾　受動文　日付の表し方

形容詞の格語尾

形容詞が名詞の前に置かれ名詞を修飾している場合、形容詞に語尾（格語尾）がつきます。語尾の変化には次の 3 つのパターンがあります。

① 強変化：〈無冠詞＋形容詞＋名詞〉の場合、定冠詞によく似た語尾がつきます。

	男性	女性	中性	複数
	緑茶	ホットミルク	冷たいビール	ノンアルコールの飲み物
1 格	grün**er** Tee	heiß**e** Milch	kalt**es** Bier	alkoholfrei**e** Getränke
2 格	grün**en** Tees	heiß**er** Milch	kalt**en** Biers	alkoholfrei**er** Getränke
3 格	grün**em** Tee	heiß**er** Milch	kalt**em** Bier	alkoholfrei**en** Getränken
4 格	grün**en** Tee	heiß**e** Milch	kalt**es** Bier	alkoholfrei**e** Getränke

☆ 男性 2 格と中性 2 格では形容詞の語尾は -es ではなく -en になります。

Übung **1**　形容詞の語尾（強変化）を入れましょう。 43

1 Aus dem Felsen kommt warm........... Wasser.　岩からお湯が湧いています。

2 Er trinkt stark........... Kaffee und frisch........... Milch.　彼は濃いコーヒーと新鮮なミルクを飲みます。

3 Vor* bitter........... Kälte zittern wir.　厳しい寒さで私たちは震えます。　*vor＋3 格「…3 格が理由で」

4 Der Ring besteht aus rein........... Gold.　その指輪は純金でできています。

5 Sie hat schwarz........... Haare und blau........... Augen.　彼女は黒い髪で、青い瞳をしています。

② 弱変化：〈定冠詞類＋形容詞＋名詞〉の場合、形容詞の語尾は **-e** か **-en** になります。

	男性	女性	中性	複数
	その赤いスカート	その青いズボン	その白いシャツ	それらの緑のドレス
1 格	der rot**e** Rock	die blau**e** Hose	das weiß**e** Hemd	die grün**en** Kleider
2 格	des rot**en** Rock(e)s	der blau**en** Hose	des weiß**en** Hemd(e)s	der grün**en** Kleider
3 格	dem rot**en** Rock	der blau**en** Hose	dem weiß**en** Hemd	den grün**en** Kleidern
4 格	den rot**en** Rock	die blau**e** Hose	das weiß**e** Hemd	die grün**en** Kleider

③ 混合変化：〈不定冠詞類＋形容詞＋名詞〉の場合、男性 1 格と中性 1、4 格で強変化の語尾（**-er** / **-es**）が、それ以外には弱変化の語尾（**-e** / **-en**）がつきます。

	男性	女性	中性	複数
	1 人の老いた男の人	1 人の若い女の人	1 人の小さな子供	優しい人々（否定）
1 格	ein alt**er** Mann	eine jung**e** Frau	ein klein**es** Kind	keine nett**en** Leute
2 格	eines alt**en** Mann(e)s	einer jung**en** Frau	eines klein**en** Kind(e)s	keiner nett**en** Leute
3 格	einem alt**en** Mann	einer jung**en** Frau	einem klein**en** Kind	keinen nett**en** Leuten
4 格	einen alt**en** Mann	eine jung**e** Frau	ein klein**es** Kind	keine nett**en** Leute

Übung 2　形容詞の語尾（弱変化 混合変化）を入れましょう。🎧 44

1　Auf dem hoh*......... Hügel steht die groß......... Villa eines berühmt......... Schauspielers.
　　高い丘の上に、ある有名な俳優の大きな別荘が立っています。

　　　　　　　　　　　　　　　　　　　　　　*hoch「高い」は形容詞の語尾がつくと c が脱落します。

2　Das hübsch......... Mädchen hat dem krank......... Kind einen lang......... Brief geschrieben.
　　その可愛らしい少女はその病気の子供に 1 通の長い手紙を書きました。

3　Ein reich......... Mann will die arm......... Leute finanziell* unterstützen.　　*finanziell「金銭上の」
　　ある裕福な男性がその貧しい人々を経済的に援助しようとしています。

4　Die jung......... Frauen lesen gern das dick......... Buch.
　　その若い女性たちはその厚い本を好んで読んでいます。

5　Ein lebhaft......... Junge wohnte mit der nett......... Schwester in einem klein......... Haus.
　　1 人の活発な少年が優しい姉(妹)といっしょに小さな家に住んでいました。

6　Der fleißig......... Student trägt eine blau......... Hose und ein weiß......... Hemd.
　　その勤勉な大学生は青いズボンと白いシャツを着ています。

7　In diesem groß......... Hörsaal hielt sein kenntnisreich*......... Kollege einen Vortrag.
　　この大きな講堂で彼の博識な同僚が講演しました。　　　　　*kenntnisreich「博識な」

8　Mein gut......... Freund heiratet eine reich......... Frau. Er möchte ihre schön......... Heimat
besuchen.　　私の親友はある裕福な女性と結婚します。彼は彼女の美しい故郷に行きたがっています。

◆　形容詞の名詞化

形容詞の先頭の文字を大文字にして格語尾をつけると「人」や「もの／こと」を表します。

　　①　男性，女性，複数の形で名詞化すると，その形容詞の性質を持った「男の人」、「女の人」、「人々」
　　　　を表します。

der Deutsche	die Deutsche	die Deutschen
そのドイツ人男性	そのドイツ人女性	それらのドイツ人たち

　　②　中性の形で名詞化すると、「もの／こと」を表します。
　　　　etwas「何か」や nichts「何も…ない」とともによく用いられます。

etwas Neues ←→ nichts Neues　　　　　　etwas Interessantes ←→ nichts Interessantes
何か新しいもの　　　新しいものは～ない　　何か興味深いもの　　　興味深いものは～ない

Übung 3　1 格の形で適切な形容詞の語尾を入れましょう。

1 ein Krank.........　2 eine Krank.........　3 Krank.........　4 etwas Japanisch.........　5 etwas Deutsch.........

　　1 人の病気の男の人　　1 人の病気の女の人　　病人たち　　何か日本的なもの　　　何かドイツ的なもの

✠ 受動文

ドイツ語の受動文には動作受動「～される」と状態受動「～されている」があります。

◆ 動作受動「～される」の作り方

平叙文では **werden** が **2** 番目に、動詞の過去分詞が文末に置かれます。「はい」、「いいえ」で答える疑問文では werden は文頭です。　　　　　　　　　　　★〈werden…不定詞〉は未来形になります。→ 89 頁。

werden の現在人称変化			
ich	werde	wir	werden
du	wirst	ihr	werdet
er	wird	sie / Sie	werden

> **werden** の現在人称変化…過去分詞（文末）

Der Schüler wird vom* Lehrer oft gelobt.　　その生徒は教師によく褒められます。

*vom ＜ von dem「～によって」

Wird der Schüler vom Lehrer oft gelobt?　　その生徒は教師によく褒められるのですか。

◆ 能動文から受動文への書き換え

能動文を受動文に書き換える場合、**能動文の 4 格目的語が受動文の主語（1 格）**になります。

能動文の主語（1 格）は　von ＋ 3格 「…3 格によって」（具体的な行為者）
　　　　　　　　　　　　durch ＋4格 「…4 格によって」（原因や理由）　で表されます。

能動文： Die Frau liebt den Mann.　　　　　その女性はその男性を愛しています。
　　　　　　　　　　　　男性 4 格
↓
受動文： Der Mann wird von der Frau geliebt.　その男性はその女性によって愛されています。
　　　　男性 1 格　　　　　　von ＋3格

Übung 4　　現在形の受動文にしましょう。完成した文を訳しましょう。

1　Der Vater lobt immer den Sohn.　　　　　[loben]

2　Der Junge* liebt das Mädchen sehr.　　　[lieben]　　　　　*Junge（男 -n / -n）

3　Spricht man* hier Japanisch?　　　　　[sprechen]　　*man は von ＋3格にしません。

4　Er macht alle Fenster dieses Zimmers auf.　[auf|machen]

5　Die Stadt baut den Dom* wieder auf.　　　[auf|bauen]　　　　　*Dom「大聖堂」

6　Bei der Party stellt sie mich vor.　　　　[vor|stellen]

---

7 Lädt dich dein Nachbar* oft zum Tee ein?　　　　　[ein|laden]　　　*Nachbar（男 -n / -n）「隣人」

---

8 Auf dieser Straße nimmt der Polizist* den Verbrecher** fest.　　　[fest|nehmen]

*Polizist（男 -en / -en）「警察官」　**Verbrecher「犯人」

---

9 Die Touristen* besichtigen gern die Kirche und den Turm.　[besichtigen]

*Tourist（男 -en / -en）「旅行者」

---

10 Eine Bombe* zerstört vollständig die Brücke**.　　[zerstören]

*Bombe「爆弾」 durch + 4格 にします。　**Brücke「橋」

◆ 受動文の過去形／現在完了形

① 受動文の過去形は受動の助動詞 werden を過去人称変化させて作ります。

werden の過去人称変化			
ich	wurde	wir	wurden
du	wurdest	ihr	wurdet
er	wurde	sie / Sie	wurden

wurde の人称変化…過去分詞（文末）

② 受動文の現在完了形は，完了の助動詞として sein が用いられ、werden の過去分詞 **worden** が文末に置かれます。

sein の現在人称変化			
ich	bin	wir	sind
du	bist	ihr	seid
er	ist	sie / Sie	sind

sein の現在人称変化…過去分詞＋ worden （文末）

[現在]　　　Die Kirche **wird**　　von der Stadt renobiert.　　その教会は市によって改築されます。

[過去]　　　Die Kirche **wurde** von der Stadt renobiert.　　その教会は市によって改築されました。

[現在完了]　Die Kirche **ist**　　von der Stadt renobiert **worden**.

その教会は市によって改築されました。

Übung 5　　*Übung* 4 で完成した 4. 5. 7. 8 の受動文を、過去形や現在完了形にしましょう。🎧 45

4　過去形　　：_____.

　　現在完了形：_____.

5　過去形　　：_____.

　　現在完了形：_____.

7　過去形　　　:＿＿＿＿＿＿＿＿＿＿＿＿＿＿＿＿＿＿＿＿＿＿＿＿＿＿＿＿＿＿＿＿．

　　現在完了形 :＿＿＿＿＿＿＿＿＿＿＿＿＿＿＿＿＿＿＿＿＿＿＿＿＿＿＿＿＿＿＿＿．

8　過去形　　　:＿＿＿＿＿＿＿＿＿＿＿＿＿＿＿＿＿＿＿＿＿＿＿＿＿＿＿＿＿＿＿＿．

　　現在完了形 :＿＿＿＿＿＿＿＿＿＿＿＿＿＿＿＿＿＿＿＿＿＿＿＿＿＿＿＿＿＿＿＿．

Übung 6　　与えられた語句を用いてドイツ語にしましょう。

1　その厚い本は（das dicke Buch）子供たち（die Kinder 複）によって彼らの父親（ihr Vater）にプレ
　ゼントされました（schenken）。　　　　　　　　　　　　　　　　　　　　　　　　［過去形］

　＿＿

2　その教室（der Hörsaal 男）のすべてのドア（alle Türen 複）はある大学生（Student 男 -en / -en）に
　よって閉められました（zu|machen）。　　　　　　　　　　　　　　　　　　　　　［過去形］

　＿＿

3　君たちは彼によって（von + er の 3格）結婚式に（zur Hochzeit）招待されましたか。　　［過去形］

　＿＿

4　昨晩（gestern Abend）ドイツ語の詩（deutsche Gedichte 複）が私の男友達（mein Freund）に
　よって朗読されました（vor|lesen）。　　　　　　　　　　　　　　　　　　　　　［過去形］

　＿＿

5　その工場（die Fabrik）は多くの外国人（viele Ausländer 複）によって見学されました（besichtigen）。
　　　　　　　　　　　　　　　　　　　　　　　　　　　　　　　　　　　　　　　［現在完了形］

　＿＿

6　それらの家々（die Häuser 複）は地震（das Erdbeben 田）によって破壊されました。　［現在完了形］

　＿＿

7　その病気の男の人（der Kranke）はその世界的に有名な女性医師（die weltberühmte Ärztin）によ
　って手術されました（operieren）。　　　　　　　　　　　　　　　　　　　　　　［現在完了形］

　＿＿

◆ 状態受動「〜されている」の作り方

平叙文では sein が 2 番目に、動詞の過去分詞が文末に置かれます。

「はい」、「いいえ」で答える疑問文では sein は文頭です。

sein の人称変化…過去分詞（文末）

Sind Sie auch zur Hochzeit **eingeladen**?　　　あなたも結婚式に招待されていますか。

Alle Fenster des Hauses **waren geschlossen***.　その家のすべての窓は閉められていました。

　　　　　　　　　　　　　　　　　　　　　*geschlossen < schließen「閉める」

Übung **7**　不定詞を過去分詞にして文を完成させましょう。完成した文を和訳しましょう。🎧
46

1　Die Brücke* ist heute noch ....

[sperren**]　*Brücke「橋」**sperren「封鎖する」

2　Mein Computer ist schon ....

[reparieren*]　*reparieren「修理する」

3　Alle Zimmer sind jetzt noch ....

[ab|schließen*]　*ab|schließen「戸締りする」

4　Der Garten* war ganz mit Schnee** ....

[bedecken***]　*Garten「庭」**mit Schnee「雪によって」***bedecken「覆う」

◆　序数と日付の表現

日付を表すときには序数を用います。序数は 1 番目から 19 番目までは「基数 -t」、20 番目以上は「基数 -st」の形になります。

1.* **erst**	6. **sechst**	11. elft	16. sechzehnt	20. zwanzig**st**
2. zwei**t**	7. **siebt**	12. zwölft	17. siebzehnt	21. einundzwanzig**st**
3. **dritt**	8. **acht**	13. dreizehnt	18. achtzehnt	22. zweiundzwanzig**st**
4. viert	9. neunt	14. vierzehnt	19. neunzehnt	30. dreißig**st**
5. fünft	10. zehnt	15. fünfzehnt		31. einunddreißig**st**

* 序数は算用数字で表すときは数字の右下に点（.）をつけます。

日付は〈男性名詞の定冠詞（der, des, dem, den）+序数 -語尾（-e / -en）〉で表します。

Der Wievielte ist heute? — Heute ist **der erste April**. 今日は何日ですか。今日は 4 月 1 日です。

男性 1 格

Den Wievielten haben wir heute? — Heute haben wir **den ersten April**.

男性 4 格

「何月何日に」という表現では前置詞 am を用います。

Wann reist du nach Deutschland ab?　— Ich reise **am ersten April** ab.

君はいつドイツに旅立ちますか。　　　　　私は 4 月 1 日に旅立ちます。

Übung **8**　パートナーの誕生日を尋ねましょう。

例：Wann ist dein Geburtstag?

　　　　　　— Mein Geburtstag ist der achtundzwanzigste September.

　　　Wann hast du Geburtstag?

　　　　　　— Am achtundzwanzigsten September habe ich Geburtstag.

君の誕生日はいつですか。　私の誕生日は 9 月 28 日です。

第
9
課

第10課　比較表現　関係代名詞

✳ *比較表現*

ドイツ語の形容詞と副詞には原級、比較級、最上級の形があり、それぞれの形を用いて「～と同じくらい…」、「～よりも…」、「最も（一番）…」などの比較表現を作ることができます。

◆ 形容詞の比較級／最上級の作り方

① 形容詞の原級に **-er** をつけると比較級、**-st** をつけると最上級になります。

原級		比較級	最上級
schön	美しい	schön**er**	schön**st**
fleißig	勤勉な	fleißig**er**	fleißig**st**
interessant	興味深い	interessant**er**	interessant**est**
alt	年老いた、古い	**ä**lt**er**	**ä**lt**est**
jung	若い	j**ü**ng**er**	j**ü**ng**st**

☆ 原級の末尾が -d, -s, -ß, -sch, -t, -z などの場合は最上級で **-est** をつけます。
☆ 1 音節の短い形容詞の多くでは a, o, u が ä, ö, ü になります。

② 不規則に変化するものもあります。

原級		比較級	最上級
groß	大きい　背が高い	größer	größt
gut	良い	besser	best
hoch	高い	höher	höchst
viel	多い	mehr	meist

③ 形容詞の比較級／最上級が名詞を修飾するときは形容詞の語尾（格語尾）をつけます。

原級	比較級	最上級
der alt**e** Bruder	der älter**e** Bruder	der ältest**e** Bruder
mein alt**er** Bruder	mein älter**er** Bruder	mein ältest**er** Bruder
年をとった兄弟	兄	最年長の兄

◆ 形容詞の比較表現

① 原級：〈**so** ＋原級＋ **wie**〉「～と同じくらい…」

Hans ist **so** fleißig **wie** Peter.*　　　　Hans は Peter と同じくらい勤勉です。

　　　　　　　　　　　　　　　　＊比較し合うものは同格になります。この場合、Peter は 1 格です。

Hans ist nicht **so** fleißig **wie** ich.　　　Hans は私ほど勤勉ではありません。

Übung 1　文を完成させましょう。🎧 47

1　Peter ist .... groß ....　　　　Peter は私と同じ背の高さです。

2　Du bist .... jung .... Anna.　　君は Anna ほど若くありません。

② 比較級：〈比較級＋ **als**〉「～よりも…」

　Hans ist fleißiger als Peter.　　　　　　Hans は Peter よりも勤勉です。

Übung 2　ドイツ語にしましょう。

1　私は Stefan よりも年上です。しかし（aber）、彼は私よりも背が高いです。　　[alt] / [groß]

　Ich bin _____

2　Franziska は私たちよりも若いです。　　　[jung]

　_____

3　この映画（dieser Film）はあの映画（jener Film）よりも興味深いです。　　[interessant]

　_____

4　富士山（der Berg Fuji）は Zugspitze（die Zugspitze）よりもずっと（viel）* 高いです。　　[hoch]

　　　　　　　　　　　　　　　　　　　　* 比較級を強める副詞は sehr ではなく viel です。

　_____

③ 最上級：〈定冠詞＋最上級 -語尾（-e / -en）〉／〈am ＋最上級 -en〉「最も（一番）…」

　Hans ist in der Klasse der fleiß**igste.**　　/　　**Hans ist in der Klasse am** fleiß**igsten.**
　　Hans はクラスで最も勤勉です。

　Franziska ist von uns die fleiß**igste.**　　/　　**Franziska ist von uns am** fleiß**igsten.**
　　Franziska は私たちの中で一番勤勉です。

Übung 3　ドイツ語にしましょう。

1　Simon はクラスで一番背が高いです。

　Simon ist in der Klasse _____

2　Julia は私たちの中で一番若いです。

　Julia ist von uns _____

3　この本（dieses Buch）がここでは（hier）最も興味深いです。

　_____

4　この図書館（diese Bibliothek）は世界で（in der Welt）最も古いです。

　_____

5　富士山（der Berg Fuji）は日本で一番高いです。

　_____

第 10 課

◆ 副詞の比較級／最上級

形容詞は副詞として用いることもできます。副詞の最上級は〈**am** ＋最上級 **-en**〉になります。

Franziska singt schöner als ich.

Franziska は私よりも美しく歌います。

Sie singt in der Klasse am schönsten.

彼女はクラスで一番美しく歌います。

副詞 gern「好んで」は特殊な変化をするので覚えておきましょう。

原級		比較級	最上級
gern	好んで	lieber	am liebsten

Ich höre klassische Musik lieber als Jazz.

私はジャズよりもクラシックを聴くほうが好きです。

Ich sehe am liebsten Filme.

私は映画を見るのが一番好きです。

Übung **4**　文を完成させましょう。点線部にはそれぞれ 1 語入ります。🎧
48

1　Du spielst Tennis .... ich. Aber er spielt Tennis von uns ....

　　君は僕よりもテニスが上手です。　　　　　しかし、彼は私たちの中で一番テニスが上手です。

2　Ich trinke Kaffee .... Tee. Aber ich trinke Bier ....

　　私はお茶よりもコーヒーを飲むほうが好きです。　しかし、ビールを飲むのが最も好きです。

3　Mein Mann isst .... ich. Aber unser Sohn isst ohne Zweifel ....

　　私の夫は私よりもたくさん食べます。　　　しかし、私たちの息子が間違いなく一番たくさん食べます。

✳ 関係代名詞

関係代名詞は 2 つの文をつないでひとつにする働きがあります。関係代名詞には定関係代名詞と不定関係代名詞があります。

◆ 定関係代名詞

ドイツ語の定関係代名詞は定冠詞とよく似ています。

	男性	女性	中性	複数
1 格	der	die	das	die
2 格	dessen	deren	dessen	deren
3 格	dem	der	dem	denen
4 格	den	die	das	die

① 次の 2 つの文を、定関係代名詞を用いて結んでみましょう。

A: Kennst du den Mann?　　　　　B: Der Mann spricht sehr gut Deutsch.

君はその男の人を知っていますか。　　　　その男の人はとても上手にドイツ語を話します。

| コンマ | 定関係代名詞（男性 1 格） | 定動詞後置 |

Kennst du *den Mann*,　　　　**der**　　　sehr gut Deutsch　　　　**spricht** ?

主文　　　　　　　　　　　　　　　　　副文

君はとても上手にドイツ語を話すその男の人を知っていますか。

ⅰ）B の文の der Mann を男性 1 格の定関係代名詞 der にします。

ⅱ）定関係代名詞を用いた文は副文になるため、定動詞 spricht を後置します。

ⅲ）主文と副文をコンマで区切ります。

ⅳ）ドイツ語の関係詞は英語のように省略されることはありません。

Das ist *der Mann*, **der** Japanisch sprechen **kann**.　　　こちらが、日本語を話せる男の人です。

Das ist *der Mann*, **dessen** Mutter Pianistin **ist**.　　　こちらが、母親がピアニストである男の人です。

Das ist *der Mann*, **dem** ich bei der Arbeit **helfe**.　　　こちらが、私が仕事を手伝っている男の人です。

Das ist *der Mann*, **den** ich gestern gesehen **habe**.　　　こちらが、私が昨日、見かけた男の人です。

② 関係文は先行詞に近いところに置かれ、主文の間に関係文が割り込むことがよくあります。

Der Mann, **dem** ich bei der Arbeit **helfe**, wohnt hier.

私が仕事を手伝っている男の人がここに住んでいます。

文全体のバランスによって先行詞と定関係代名詞が離れることもあります。

Ich habe *den Mann* gesehen, **der** aus Deutschland **kommt**.

私はドイツ出身のその男の人を見ました。

Übung 5　　定関係代名詞を用いて文を完成させましょう。
49

1　Das ist das Auto, ... sehr schnell fahren kann.

　　これが、とても速く走ることができる車です。

2　Das ist der Junge, ... Mutter eine weltberühmte Pianistin ist.

　　こちらが、母親が世界的に有名なピアニストである少年です。

3　Das ist der Professor, ... wir von Herzen dankbar* sind.

　　こちらが、私たちが心から感謝している男性教授です。　　　* 3 格 + dankbar sein「…3 格に感謝している」

4　Sind das die Schuhe, ... du morgen tragen willst?

　　これが、君が明日、履こうとしている靴ですか。

Übung 6 　点線の名詞を定関係代名詞にして 2 文をつなげましょう。完成した文を訳しましょう。

1 Heute besuche ich einen Tempel.　Der Tempel（男 1 格）wurde vor 1200 Jahren erbaut.

2 Die Schülerin will in Japan studieren.　Der Vater der Schülerin（女 2 格）arbeitet in Tokio.

3 Das Mädchen will nach Deutschland reisen.
　Ich habe dem Mädchen（中 3 格）Grimms Märchen erzählt.

4 Ich habe gestern die Bücher gekauft.　Der Lehrer hat mir die Bücher（複 4 格）empfohlen.

③ 定関係代名詞が前置詞とともに用いられている場合は、〈前置詞＋定関係代名詞〉の形で関係文の文頭
　に置きます。

　Das ist *der Mann*, mit **dem** ich nach Okinawa gereist **bin**.
　　こちらが、私がいっしょに沖縄に旅行した男の人です。

④ 〈前置詞＋定関係代名詞〉が場所や時間を表す場合は、関係副詞で代用することもあります。

　Berlin ist die Stadt, **wo*** (in der) viele Ausländer leben.
　　ベルリンは多くの外国人が暮らす街です。　　*wo は関係副詞。wo 以外に wohin, woher, als などがあります。

Übung 7 　2 番目の文を関係文にして文を完成させましょう。完成した文を訳しましょう。

1 Die Frau ist eine Professorin von unserer Uni.　Du hast gerade mit der Frau gesprochen.

2 Heute besuchen wir das Haus.　Mozart hat als Kind in dem Haus gewohnt.

3 Das Tor wurde vor 500 Jahren errichtet.　Der Bus fährt jetzt durch das Tor.

4 Ich stelle Ihnen einen Roman vor.　Ich interessiere mich sehr für den Roman.

Übung 8 　ドイツ語にしましょう。

1 君は、試験（die Prüfung）の後に（nach ＋3格）行われる（statt|finden）そのパーティー（die
　Party）に参加しますか（teil|nehmen*）。　　　　　　*an ＋3格 teil|nehmen「…3 格に参加する」

2 その町は（die Stadt）、戦争（der Krieg）によって（durch ＋4格）破壊された（zerstören）教会
　（die Kirche）を再建しています（wieder auf|bauen）。

3 彼が幼少期に（in seiner Kindheit）住んでいた村（das Dorf）は海沿い（am Meer）にあります
　（liegen）。

◆ 不定関係代名詞 wer「〜する人」と was「〜もの／〜こと」

① 不定関係代名詞 wer は〈wer…定動詞（文末）〉で「〜する人」という意味になります。

*wer は 1 格から 4 格まで格変化しますが、ここでは wer の使い方のみ学習します。

Wer klassische Musik **liebt**, ＿＿(der)* muss einmal Wien besuchen.

副文 　　　　　　　　　　　　　　主文

クラシック音楽を愛する人は 1 度ウィーンを訪れなければなりません。

*der　この der は指示代名詞の男性 1 格です。★指示代名詞→ 89 頁

② 不定関係代名詞 was は〈was…定動詞（文末）〉で「〜もの／〜こと」を表します。

Was ich gekauft **habe**, ＿＿(das)* will meine Kinder nicht essen.

副文 　　　　　　　　　　　　　　主文

私が買ってきたものを、私の子供たちは食べようとしません。

*das　この das も指示代名詞の中性 4 格です。★指示代名詞→ 89 頁

不定関係代名詞 was は etwas, alles, das Beste などを先行詞とすることがあります。

Das ist *alles*, **was** ich gestern gesehen **habe**.　これが、私が昨日、見たすべてのことです。

Übung 9 　和訳しましょう。

1　Wer Kunst* studiert, muss dieses Buch lesen.　　　　　　　　*Kunst「芸術」

2　Wer früh aufsteht, wird gesund*.　　　　　　　　　　　　　*gesund「健康な」

3　Was du an der Schule lernst, hilft dir später.

4　Erzählen Sie uns alles, was Sie in Deutschland erlebt* haben！　*erlebt ＜ erleben「体験する」

Übung 10 　　*Übung* 9 を参考にドイツ語にしましょう。

1　大学で（an der Uni）ドイツ語を学んでいる（lernen）人は、この本を読まなければなりません。

＿＿＿＿＿＿＿＿＿＿＿＿＿＿＿＿＿＿＿＿＿＿＿＿＿＿＿＿＿＿＿＿＿＿＿＿

2　授業中に（während des Unterrichts）よく（oft）寝てしまう（ein|schlafen）人は、良い成績（eine gute Note）を取れません（bekommen können）。

＿＿＿＿＿＿＿＿＿＿＿＿＿＿＿＿＿＿＿＿＿＿＿＿＿＿＿＿＿＿＿＿＿＿＿＿

3　私たちがドイツで体験したことは、将来、私たちの助けになります。

＿＿＿＿＿＿＿＿＿＿＿＿＿＿＿＿＿＿＿＿＿＿＿＿＿＿＿＿＿＿＿＿＿＿＿＿

〈文法変化表　Ⅱ〉

話法の助動詞の現在人称変化

不定詞	dürfen してよい	können できる	mögen かもしれない が好きだ	müssen ねばならない にちがいない	sollen すべき	wollen するつもり したい	möchte したい ほしい
ich	darf	kann	mag	muss	soll	will	möchte
du	darfst	kannst	magst	musst	sollst	willst	möchtest
er	darf	kann	mag	muss	soll	will	möchte
wir	dürfen	können	mögen	müssen	sollen	wollen	möchten
ihr	dürft	könnt	mögt	müsst	sollt	wollt	möchtet
sie / Sie	dürfen	können	mögen	müssen	sollen	wollen	möchten

動詞の過去人称変化

不定詞		leben 暮らす	sein 〜である	haben 持っている	können できる	aus|gehen 外出する	entdecken 発見する
過去基本形		lebte	war	hatte	konnte	ging…aus	entdekte
ich	-	lebte	war	hatte	konnte	ging…aus	entdeckte
du	-st	lebtest	warst	hattest	konntest	gingst…aus	entdecktest
er, sie, es	-	lebte	war	hatte	konnte	ging…aus	entdeckte
wir	-(e)n	lebten	waren	hatten	konnten	gingen…aus	entdeckten
ihr	-t	lebtet	wart	hattet	konntet	gingt…aus	entdecktet
sie / Sie	-(e)n	lebten	waren	hatten	konnten	gingen…aus	entdeckten

再帰代名詞の格変化

		1人称	2人称（親称）	3人称			2人称（敬称）
単数		ich	du	er	sie	es	Sie
	3格	mir	dir	sich	sich	sich	sich
	4格	mich	dich	sich	sich	sich	sich
複数		wir	ihr	sie			Sie
	3格	uns	euch	sich			sich
	4格	uns	euch	sich			sich

形容詞の格語尾　3つのパターン

	強変化			
	男性	女性	中性	複数
1格	-er	-e	-es	-e
2格	-en	-er	-en	-er
3格	-em	-er	-em	-en
4格	-en	-e	-es	-e

	弱変化			
	男性	女性	中性	複数
1格	-e	-e	-e	-en
2格	-en	-en	-en	-en
3格	-en	-en	-en	-en
4格	-en	-e	-e	-en

	混合変化			
	男性	女性	中性	複数
1格	-er	-e	-es	-en
2格	-en	-en	-en	-en
3格	-en	-en	-en	-en
4格	-en	-e	-es	-en

定関係代名詞の格変化

	男性	女性	中性	複数
1格	der	die	das	die
2格	dessen	deren	dessen	deren
3格	dem	der	dem	denen
4格	den	die	das	die

文法プラスα

※ 接続法

接続法は他人の話を引用したり、非現実な仮定や願望を述べるときに用います。

◆ 接続法のつくり方

接続法には 2 つの形があります。

① 接続法Ⅰ式：不定詞の語幹に -e をつけてつくります。sein は例外で sei になります。

接続法Ⅰ式の現在人称変化

不定詞		spielen	gehen	können	haben	werden	sein
接続法第Ⅰ式		**spiele**	**gehe**	**könne**	**habe**	**werde**	**sei**
ich	-	spiele	gehe	könne	habe	werde	sei
du	-st	spielest	gehest	könnest	habest	werdest	sei(e)st
er, sie, es	-	spiele	gehe	könne	habe	werde	sei
wir	-n	spielen	gehen	können	haben	werden	seien
ihr	-t	spielet	gehet	könnet	habet	werdet	seiet
sie / Sie	-n	spielen	gehen	können	haben	werden	seien

☆ 接続法Ⅰ式の人称変化の一部は直説法現在と形が同じになるので注意しましょう。

② 接続法Ⅱ式：過去基本形に -e をつけます。不規則動詞では語幹の a, o, u は ä, ö, ü になります。ただし、話法の助動詞 sollen と wollen はウムラウトせずに sollte, wollte になります。

接続法Ⅱ式の現在人称変化

不定詞		spielen	gehen	können	haben	werden	sein
過去基本形		spielte	ging	konnte	hatte	wurde	war
接続法第Ⅱ式		**spielte**	**ginge**	**könnte**	**hätte**	**würde**	**wäre**
ich	-	spielte	ginge	könnte	hätte	würde	wäre
du	-st	spieltest	gingest	könntest	hättest	würdest	wär(e)st
er, sie, es	-	spielte	ginge	könnte	hätte	würde	wäre
wir	-n	spielten	gingen	könnten	hätten	würden	wären
ihr	-t	spieltet	ginget	könntet	hättet	würdet	wär(e)t
sie / Sie	-n	spielten	gingen	könnten	hätten	würden	wären

☆ 接続法第Ⅱ式の人称変化の一部（規則動詞の場合はすべて）は、直接法過去と形が同じになるので注意しましょう。

◆ 接続法の時制

「現在」、「過去」、「未来」の 3 つの時制を使えるようにしましょう。　　　　　　　★未来形→ 89 頁

接続法第 I 式

現在	er spiele	er gehe	
過去	er habe…gespielt	er sei	…gegangen.
未来	er werde…spielen	er werde	…gehen

接続法第 II 式

現在	er spielte	er ginge	
過去	er hätte…gespielt	er wäre	…gegangen.
未来	er würde…spielen	er würde	…gehen

◆ 接続法の用法　　〈要求話法〉

接続法 I 式を用います。話者の要求、願望を表します。

Die Strecke AB **sei** 3 cm.　　　　　　　線分 AB は 3 センチとします。

Man **nehme** diese Tabletten dreimal täglich **ein**.　　この錠剤を 1 日 3 回服用すること。

慣用的な表現もあります。

Es **lebe** die Freiheit !　　自由万歳。

Gott **sei** Dank !　　ああ、良かった。

2 人称敬称の Sie に対するお願いや、1 人称複数 wir に対する勧誘。

Sprechen Sie etwas langsamer !　　もう少しゆっくり話して下さい。

Gehen wir etwas essen !　　何か食べに行きましょう。

プラス α

71

◆ 接続法の用法　〈間接話法〉

主に接続法Ⅰ式を用います。人の話を引用するとき、引用符（„…"）を使って発言をそのままに伝えるのが直接話法です。これに対し、引用符を使わずに、話された内容を解釈して伝えるのが間接話法です。

① 直接話法から間接話法への書きかえ（平叙文）

直接話法：**Er sagte mir: „Ich* gehe heute mit meiner Freundin ins Kino."**

（現在）　　「ぼくは今日、女友達と映画を見に行きます」と彼は私に言いました。

↓　　　　　　　　　　　　　　　　　　　　　　　*引用符内は独立した文なので大文字から始めます。

間接話法：**Er sagte mir, er gehe** heute mit **seiner** Freundin ins Kino.

　　　　　　彼は私に、今日、女友達といっしょに映画を見に行くと言いました。

ⅰ）引用符内の人称代名詞、所有冠詞を主文に合わせます。　　Ich → **er** / meiner → **seiner**

ⅱ）引用符内の定動詞を接続法Ⅰ式にします。　　　　　　　Ich gehe → er **gehe**

ⅲ）引用符を用いずにコンマで区切ります。

直接話法：**Thomas sagte mir:**

（過去／現在完了）　　　**„Ich fuhr gestern mit meinem Auto nach Salzburg."**

　　　　　　　　　　　　　„Ich bin gestern mit meinem Auto nach Salzburg gefahren."

↓　　　　「僕は自分の車で昨日、ザルツブルクに行った」と Thomas は私に言いました。

間接話法：**Thomas sagte mir,**

　　　　　　　　　　　er **sei** gestern mit seinem Auto nach Salzburg **gefahren.**

　　　　　　Thomas は私に、昨日、彼の車でザルツブルクに行ったと言いました。

ⅳ）接続法Ⅰ式の形が直接法と区別がつかないときは接続法Ⅱ式を用います。

Er sagte mir, seine Eltern hätten（haben 接Ⅰ）**heute keine Zeit.**

　　　彼は私に、彼の両親は今日は時間がないと言いました。

Übung **1**　　直接話法を間接話法に書きかえましょう。完成した文を訳しましょう。

1　Stefan sagte mir: „Ich bin heute den ganzen Tag zu Hause, weil mein Kind Fieber hat."

　　Stefan sagte mir, _____

2　Stefan sagte mir: „Ich spiele mit meinem Bruder und deiner Schwester Tennis."

　　Stefan sagte mir, _____

3　Maria sagte ihm: „Du musst auf mich warten. Ich mache jetzt meine Hausaufgaben."

　　Maria sagte ihm, _____

4 Maria sagte ihm: „Ich will morgen mit dir ans Meer fahren, wenn du Zeit hast."

Maria sagte ihm, _____

5 Simon und Sara haben mir gesagt: „Wir hatten Glück. Wir haben in der Lotterie gewonnen."

Simon und Sara haben mir gesagt, _____

② 直接話法から間接話法への書きかえ（疑問文）

直接話法が疑問詞のない疑問文の場合には、従属接続詞 ob を用います。疑問詞がある疑疑問文の場合には、疑問詞をそのまま用います。間接疑問文は副文になります。

直接話法：**Er fragte mich: „Kannst du Deutsch sprechen?"**
　↓　　　　　「君はドイツを話すことができますか」と彼は私に尋ねました。
間接話法：**Er fragte mich, ob ich Deutsch sprechen könne.**
　　　　　彼は私に、ドイツ語が話せるかどうか尋ねました。

直接話法：**Er fragte mich: „Wohin reist du diesen Sommer?"**
　↓　　　　　「君は今年の夏、どこに旅行するのですか」と彼は私に尋ねました。
間接話法：**Er fragte mich, wohin ich diesen Sommer reiste.**
　　　　　彼は私に、今年の夏、どこに旅行するのか尋ねました。

③ 直接話法から間接話法への書きかえ（命令文）

丁寧な依頼の場合には mögen を、強い要求や命令では sollen を用います。

直接話法：**Die Frau sagte ihm: „Sprechen Sie etwas langsamer bitte !"**
　↓　　　　　「もう少しゆっくり話して下さい」とその女の人は彼に言いました。
間接話法：**Die Frau sagte ihm, er möge etwas langsamer sprechen.**
　　　　　その女の人は彼に、もう少しゆっくり話すように言いました。

直接話法：**Der Mann sagte mir: „Warte hier !"**
　↓　　　　　「ここで待ちなさい」とその男の人は私に言いました。
間接話法：**Der Mann sagte mir, ich solle hier warten.**
　　　　　その男の人は私に、ここで待つように言いました。

プラスα

Übung 2　　直接話法を間接話法に書きかえましょう。完成した文を訳しましょう。

1　Der Polizist fragte einen jungen Touristen: „Wie heißen Sie? Woher kommen Sie?"

_____

2　Die Lehrerin fragte ihn: „Hast du Grimms Märchen im Original* gelesen?"

*im Original「原書で」

_____

3　Der alte Tourist bat mich: „Zeigen Sie mir bitte den Weg zum Bahnhof !"

_____

4　Meine Mutter sagte mir manchmal: „Mach keine Dummheiten !"

_____

◆　接続法の用法　　〈非現実話法／外交的表現／ **als ob**…〉

①　非現実話法：接続法Ⅱ式を用いて現実にはありえないことや実現不可能な願望を表現します。従属接続詞 wenn「もし〜」を用いることが多いです。

　　Wenn ich Zeit **hätte**, **käme** ich zu dir.（現在）
　　　もし私に時間があれば、君のところに行くのですが。
　　Wenn ich Zeit **gehabt hätte**, **wäre** ich durch Europa **gereist**.（過去）
　　　もし私に時間があったらヨーロッパ中を旅行したのに。

　　Wenn ich eine Katze **wäre**, **müsste** ich nicht arbeiten.（現在）
　　　もし私が猫ならば、働く必要がないのになあ。
　　Wenn ich reich **gewesen wäre**, **hätte** ich die Flöte **gekauft**.（過去）
　　　もし私がお金持ちであったならば、そのフルートを買っただろう。

haben, sein, 話法の助動詞以外では〈würde…不定詞（文末）〉の形がよく用いられます。

　　Wenn ich Zeit hätte, **würde** ich zu dir **kommen**.

wenn が省略され、副文の定動詞が文頭に置かれることもあります。

　　Hätte ich Zeit, würde ich zu dir kommen.

Übung 3 　ドイツ語にしましょう。

1　もし私が鳥 (ein Vogel) ならば、君のところに (zu + du の ③格) 飛んでいくのになあ (fliegen)。

_____

2　もし私がドイツ語を話せるなら、ドイツに留学するだろう (in Deutschland studieren)。

_____

3　もし君に時間があるならば (Zeit haben)、私は君と (mit + du の ③格) 旅行するのに。

_____

4　もし彼が横浜に住んでいるならば、私は彼と (mit + er の ③格) テニスができるのになあ。

_____

5　もし私たちにお金があれば、君たちを食事に招待するのに (zum Essen ein|laden).

_____

6　もし私にチャンス (eine Chance) があったならば、ドイツに留学していただろう。

_____

7　もし君が困っていたならば (in Not sein)、僕は君を助けただろう。

_____

② 外交的用法：接続法Ⅱ式を用います。日常会話で丁寧にお願いするときによく使われます。

Würden Sie mir kurz helfen?　　　　　　　　ちょっと手を貸して下さい。

Könnten Sie mir bitte sagen, wo die Toilette ist?　トイレはどこにあるのか教えていただけますか。

Ich **hätte** gern noch eine Tasse Kaffee.　　　コーヒーをもう 1 杯いただきたいのですが。

Ich **möchte** lieber Tee trinken.　　　　　　　私はむしろお茶の方が飲みたいのですが。

Sie **sollten** sofort nach Hause gehen.　　　　あなたはすぐに帰宅したほうがいいですよ。

③〈als ob…接続法Ⅱ式（文末）〉「あたかも～のように」=〈als ＋接続法Ⅱ式…〉

Er spricht Deutsch, **als ob** er ein Deutscher **wäre**. = **als wäre** er ein Deutscher.

　彼は、あたかもドイツ人であるかのようにドイツ語を話す。

Übung 4　日本語に訳しましょう。

1　Ich hätte gern einmal Wiener Schnitzel* mit Pommes frites**.

　　　　　　　*Wiener Schnitzel「ウィーン風シュニッツェル」　**Pommes frites「フライドポテト」

2　Würden Sie mir zeigen, wo das Rathaus* ist?　　　　　　　　　　　*Rathaus「市庁舎」

3　Du solltest das zuerst* machen.　　　　　　　　　　　　　　*zuerst「まずはじめに」

4　Könnten Sie ein Foto von uns machen?

5　Er hat von dem alten römischen Theater* erzählt, als ob er ein Wissenschaftler** wäre.

　　　　*von dem alten römischen Theater「古いローマの劇場について」　**Wissenschaftler「学者」

プラスα

LESESTÜCK 1　　　《出会いと自己紹介》🎧

Naomi と Thomas はミュンヘンでおこなわれたある文化交流会で知り合いました。

Naomi:　Guten Tag, ich heiße Naomi Yagi.

Thomas:　Hallo, ich heiße Thomas Fischer. Ich komme aus Augsburg. Ich bin Student.
　　　　　Naomi, woher kommst du?

Naomi:　Ich komme aus Japan, aus Tokio. Ich bin auch Studentin. Thomas, wohnst du jetzt in
　　　　　Augsburg?

Thomas:　Ja, ich wohne jetzt in Augsburg, bei Oma und Opa[1]. Und du? Wo wohnst du?

Naomi:　Ich wohne jetzt hier[2] in München. Was studierst du denn[3], Thomas?

Thomas:　Ich studiere Wirtschaftswissenschaft[4]. Und du? Was studierst du?

Naomi:　Ich studiere Musik. Ich bin Geigespielerin[5]. Ich spiele und höre sehr gern Mozart.

Thomas:　Besuchst du mich am Wochenende[6] in Augsburg? In Augsburg ist das Geburtshaus
　　　　　von Mozarts Vater, Leopold Mozart[7].

Naomi:　Ja, gerne ![8]

本文の内容と一致している文に○をつけましょう。

1　Thomas はアウクスブルクから来ている。

2　Thomas は今、アウクスブルクに住んでいる。

3　Thomas は大学で経営学を学んでいる。

4　Naomi は大学で音楽を学んでいる。

5　Naomi はヴァイオリンを演奏する。

6　アウクスブルクには Naomi の好きな Wolfgang Amadeus Mozart の生家がある。

---

1) bei Oma und Opa「おばあちゃんとおじいちゃんのところに」　2) hier「ここで」　3) denn「いったい」
4) Wirtschaftswissenschaft 女「経済学」　5) Geigespielerin 女「ヴァイオリン奏者（女性形）」　6) am
Wochenende「週末に」　7) das Geburtshaus von Mozarts Vater, Leopold Mozart「モーツァルトの父親
Leopold Mozart の生家」　8) ja, gerne !「ぜひ！」

Naomi und Thomas bummeln[1] heute in Augsburg. Dort[2] besichtigen[3] sie das Rathaus[4], den Turm[5], die Kirche[6], den Dom[7] und das Mozarthaus[8]. Jetzt haben sie Durst[9] und ein bisschen[10] Hunger[11]. Also[12] gehen sie in ein Café[13].

Kellnerin: Guten Tag ! Was bekommen Sie?[14]

Thomas:　Ich hätte gern[15] einen Kaffee und einen Käsekuchen. Was möchtest du[16], Naomi?

Naomi:　　Ich möchte[17] einen Tee und eine Kirschtorte.

Kellnerin: Sonst noch etwas?[18]

Thomas:　Ein Mineralwasser bitte ![19].

Kellnerin: Gern !

本文の内容と一致している文に○をつけましょう。

1　Naomi と Thomas はアウクスブルクで市庁舎と歌劇場と教会と大聖堂と Leopold Mozart の生家を見学する。

2　Naomi と Thomas はのどが渇いている。

3　Naomi と Thomas は居酒屋に行く。

4　Thomas はコーヒーとチーズケーキを注文する。

5　Naomi はお茶とチーズケーキを注文する。

6　Thomas はミネラルウォーターを注文する。

1) bummeln「ぶらつく」 2) dort「そこで」 3) besichtigen「見学する」 4) Rathaus 田「市庁舎」 5) Turm 男「塔」 6) Kirche 女「教会」 7) Dom 男「大聖堂」 8) Mozarthaus 田「モーツァルトハウス（モーツァルトの父親 Leopold Mozart の生家）」 9) Durst 男「のどの渇き」 10) ein bisschen「少し」 11) Hunger 男「空腹」 12) also「だから」 13) in ein Café「喫茶店へ」 14) Was bekommen Sie?「何になさいますか？」 15) Ich hätte gern…「～がほしい」 16) Was möchtest du?「君は何にする？」 17) Ich möchte…「～がほしい」 18) Sonst noch etwas?「ほかに何か？」 19) …bitte !「～をお願いします」

《Takashi の友人》 🎧 52

Takashi besucht jetzt einen Sprachkurs[1] in Frankfurt am Main. Er spricht noch nicht gut[2] Deutsch. Er spielt gern Fußball. Die Fußballmannschaft[3] „Eintracht Frankfurt" gefällt ihm sehr.

Andrea ist eine Mitschülerin von Takashi[4]. Sie kommt aus Ungarn[5]. Sie spricht nicht nur Deutsch sondern auch[6] Japanisch. Sie liest sehr gern japanische Mangas. Sie hat einen Sportwagen[7]. Sie fährt den Sportwagen oft.

Eliano ist Andreas Freund. Er kommt aus Italien. Er wohnt bei einem Onkel[8] und hilft ihm bei der Arbeit. Er spricht Italienisch, Englisch, Französisch und Deutsch. Er trägt immer eine Sonnenbrille[9]. Er sieht gern deutsche Filme und isst auch gern deutsch[10].

本文の内容と一致している文に○をつけましょう。

1 Takashi はサッカーチーム Eintracht Frankfurt のファンである。
2 Andrea は Takashi の恋人である。
3 Andrea はドイツ語も日本語も話せる。
4 Andrea は日本のマンガを読むのが好きだ。
5 Eliano はハンガリーの出身である。
6 Eliano はおじの仕事を手伝っている。
7 Eliano は日本の映画を好んで見る。

1) Sprachkurs 男 「語学学校」 2) noch nicht gut 「まだ上手ではない」 3) Die Fußballmannschaft 女 「サッカーチーム」 4) eine Mitschülerin von Takashi 「Takashi のクラスメイトの 1 人（女性形）」 5) Ungarn 「ハンガリー」 6) nicht nur A sondern auch B 「A ばかりではなく B も」 7) Sportwagen 男 「スポーツカー」 8) bei einem Onkel 「おじのところに」 9) Sonnenbrille 女 「サングラス」 10) isst…deutsch 「ドイツ料理を食べる」

《家族の写真》🎧 53

In der Cafeteria spricht Takashi mit Andrea[1]. Er zeigt ihr ein Foto.

Andrea: Takashi, ist das deine Familie?

Takashi: Ja, das ist meine Familie.

Andrea: Ist die Frau in der Mitte[2] deine Mutter? Sie ist dir sehr ähnlich[3].

Takashi: Nein, sie ist nicht meine Mutter, sondern[4] meine Tante. Rechts von[5] meiner Tante sind meine Eltern.

Andrea: Sind das hier deine Geschwister?

Takashi: Ja, das Mädchen und der Junge sind meine Geschwister.

Andrea: Wie alt[6] sind sie?

Takashi: Meine Schwester ist fünfzehn Jahre alt[7] und mein Bruder zwölf.

Andrea: Wer ist die Frau links von[8] ihnen?

Takashi: Das ist auch meine Schwester. Sie heißt Karin. Sie ist schon verheiratet und hat zwei Söhne. Sie sind Zwillinge[9].

本文の内容と一致している文に〇をつけましょう。

1 Andrea と Takashi は教室で話をしている。

2 Takashi の母は Takashi によく似ている。

3 Takashi のおばは Takashi の両親の左側にいる。

4 Takashi にはふたごの兄弟がいる。

5 Takashi の弟は 12 歳である。

6 Karin はシングルマザーである。

7 Karin にはふたごの息子がいる。

---

1) mit Andrea「Andrea といっしょに」 2) in der Mitte「真ん中に」 3) 3格 ähnlich sein「…3格に似ている」

4) nicht A sondern B「A ではなく B」 5) rechts von…「〜の右に」 6) wie alt「何歳」 7) …Jahre alt「〜歳」

8) links von…「〜の左に」 9) Zwillinge 複 < Zwilling 男「ふたご」

《ホテルへの道案内》🎧 54

Naomi ist jetzt in der Touristeninformation am Hauptbahnhof von Salzburg. Sie sucht ein Hotelzimmer für heute Nacht.

Naomi: Guten Tag ! Bitte empfehlen[1] Sie mir ein preiswertes Hotel[2] für heute Nacht ! Ich suche ein Einzelzimmer mit Dusche[3] !

Angestellte: Gerne. Hier in der Nähe[4] gibt es[5] das preiswerte Hotel „Mirabell". Das kostet fünfunddreißig Euro pro Nacht[6] und ist ohne Frühstück[7].

Naomi: Das nehme ich[8]. Bitte reservieren[9] Sie das Zimmer für mich !

Angestellte: Ja, gern ! …… Hier ist ein Stadtplan[10]. Sie können von hier zu Fuß[11] zum Hotel gehen !

Naomi: Danke schön. Auf Wiedersehen.

· ·

Naomi: Entschuldigung, wie komme ich zum Hotel „Mirabell"?

Passant: Das Hotel „Mirabell"? Ah, ja ! Gehen Sie hier geradeaus[12] bis zur Post[13], an der Post nach rechts[14] und an der ersten Ampel nach links[15], dann sehen Sie in ein paar Minuten[16] auf der rechten Seite[17] einen Supermarkt. Neben dem Supermarkt ist das Hotel „Mirabell".

Naomi: Sehr nett von Ihnen, vielen Dank ![18]

本文の内容と一致している文に○をつけましょう。

1　Naomi はザルツブルク中央駅のインフォメーションでホテルを紹介してもらう。
2　Naomi は明日の夜にホテルに到着する。
3　Naomi はシャワーつきのシングルルームを希望している。
4　Naomi は朝食のついていない宿泊プランを勧められた。
5　そのホテルへ行くためにはバスを使わなければならない。
6　インフォメーションで Naomi は街の地図をもらう。
7　Naomi の宿泊するホテルの向かいにはスーパーマーケットがある。

1) empfehlen「勧める」 2) ein preiswertes Hotel「手ごろな値段のホテル」 3) Einzelzimmer mit Dusche「シャワーつきのシングルルーム」 4) hier in der Nähe「この近くに」 5) es gibt +4格「…4格がある」 6) pro Nacht「1泊あたり」 7) Frühstück 田「朝食」 8) Das nehme ich「そこにします。」 9) reservieren「予約する」 10) Stadtplan 男「市街地図」 11) zu Fuß「徒歩で」 12) geradeaus「真っすぐに」 13) Post 女「郵便局」 14) nach rechts「右へ」 15) an der ersten Ampel nach links「最初の信号を左へ」 16) in ein paar Minuten「数分後に」 17) auf der rechten Seite「右側に」 18) Sehr nett von Ihnen, vielen Dank !「ご親切にどうもありがとう」

LESESTÜCK 6　　《旅行》🎧55

Takashi, Andrea und Eliano wollen während der Sommerferien¹⁾ zusammen²⁾ verreisen. Sie haben eine Reise³⁾ an den Bodensee vor.

Takashi: Andrea, Eliano, wir reisen am Freitag ab. Am Donnerstagabend⁴⁾ müssen wir früh ins Bett gehen, weil wir sehr früh aufstehen müssen.
Andrea: Um wie viel Uhr fährt unser Zug ab?
Takashi: Unser Zug fährt um sechs Uhr achtundfünfzig von Frankfurt Hauptbahnhof ab.
Andrea: Können wir damit⁵⁾ direkt zu unserem Ziel⁶⁾ fahren?
Takashi: Leider⁷⁾ nicht, wir steigen dreimal um⁸⁾, dann kommen wir gegen halb eins⁹⁾ in Konstanz an. Passt auf¹⁰⁾, dass ihr nicht verschlaft¹¹⁾!
Eliano: Ja, ich verstehe¹²⁾. Am Freitag stehe ich spätestens¹³⁾ um halb sechs¹⁴⁾ auf.
Takashi: Weißt du, dass wir in sieben Tagen¹⁵⁾ von der Reise zurückkommen¹⁶⁾?
Eliano: Ja, natürlich¹⁷⁾!

本文の内容と一致している文に○をつけましょう。

1　Takashi たちは夏休みにボーデン湖へ行くつもりである。
2　Takashi たちは金曜日の晩は早く寝なければならない。
3　Takashi たちの乗る列車は 6 時 58 分にフランクフルト中央駅を出発する。
4　目的地に到着するまでに 1 回乗りかえなければならない。
5　コンスタンツには 12 時半ごろに到着する。
6　Eliano は遅くとも 6 時半には起床しなければならない。
7　この旅行は 1 週間の予定である。

1) während der Sommerferien「夏休み中に」 2) zusammen「いっしょに」 3) Reise 囡「旅行」 4) am Donnerstagabend「木曜日の晩に」 5) damit「それを使って」 6) zu unserem Ziel「我々の目的地へ」 7) leider「残念ながら」 8) steigen...um < um|steigen「乗りかえる」 9) gegen halb eins「およそ 12 時半に」 10) passt...au < auf|passen「気をつける」 11) verschlaft < verschlafen「寝過ごす」 12) ich verstehe「分かりました」 13) spätestens「遅くても」 14) um halb sechs「5 時半に」 15) in sieben Tagen「7 日後に」 16) zurück|kommen「戻ってくる」 17) natürlich「もちろん」

LESESTÜCK 7 《ザルツブルクにて》 🎧 56

Naomi und Thomas sind jetzt in der Altstadt von Salzburg[1]. Nach der Besichtigung des Geburtshauses von Wolfgang Amadeus Mozart[2] bummeln sie in der Getreidegasse[3].

Naomi: Wollen wir[4] uns kurz auf die Bank dort setzen !

Thomas: Fühlst du dich vielleicht[5] nicht wohl?

Naomi: Doch, ich fühle mich sehr wohl. Aber ich möchte jetzt ein wenig[6] ausruhen[7]. Übrigens[8] findet heute Abend im Residenztheater[9] ein Konzert statt[10]. Müssen wir sofort zum Residenztheater gehen, um Eintrittskarten[11] für das Konzert zu bekommen?

Thomas: Ich glaube[12], wir brauchen jetzt noch nicht[13] dorthin[14] zu gehen. Wir können die Eintrittskarten sicher an der Abendkasse[15] kaufen.

Naomi: Das ist super ! Dann haben wir genug Zeit, noch weitere Sehenswürdigkeiten[16] zu besuchen. Mein Lehrer empfiehlt[17], mit der Bergbahn[18] zur Festung Hohensalzburg[19] zu fahren. Ist das wirklich möglich[20]?

Thomas: Ja, natürlich !

本文の内容と一致している文に○をつけましょう。

1 Naomi と Thomas はモーツァルトの生家を見学した後で、ゲトライデ通りを散歩している。
2 Naomi は気分が悪いのでベンチに座りたい。
3 今晩、宮殿でコンサートが開かれる。
4 コンサートのチケットを買うためにすぐに宮殿に行かなければならない。
5 今、Naomi たちにはザルツブルクを観光するための十分な時間がある。
6 ホーエンザルツブルク要塞へは登山列車を使って行くことができる。
7 Naomi にホーエンザルツブルク要塞に行くよう勧めたのは彼女の両親である。

1) in der Altstadt von Salzburg「ザルツブルクの旧市街を」 2) Nach der Besichtigung des Geburtshauses von Wolfgang Amadeus Mozart「Wolfgang Amadeus Mozart の生家を見学した後で」 3) Getreidegasse 女「ゲトライデ通り」 4) wollen wir「～しましょう」 5) vielleicht「ひょっとして」 6) ein wenig「少し」 7) aus|ruhen「休息する」 8) übrigens「ところで」 9) Residenztheater 中「宮殿の演奏会場」 10) findet ...statt < statt|finden「開催される」 11) Eintrittskarten 複「入場チケット」 12) ich glaube, …「私は…と思う」 13) wir brauchen nicht, …zu 不定詞「～する必要はない」 14) dorthin「そこへ」 15) an der Abendkasse「当日券売り場で」 16) noch weitere Sehenswürdigkeiten「さらにいくつかの名所」 17) empfiehlt < empfehlen「勧める」 18) mit der Bergbahn「登山鉄道で」 19) zur Festung Hohensalzburg「ホーエンザルツブルク要塞へ」 20) möglich「可能な」

《ドレスデンへ》🎧 57

Alex ist ein Student in Leipzig. Er studiert Dramaturgie[1]. Sein Hobby sind Busreisen. Jetzt spricht er mit seiner Kommilitonin[2] Hanna über seine Busreise nach Dresden.

Hanna: Was hast du am Wochenende gemacht?

Alex:　Ich bin mit dem Bus nach Dresden gefahren, um meine Bekannten[3] zu treffen[4].

Hanna: Wie lange dauerte[5] die Fahrt nach Dresden?

Alex:　Ungefähr zweieinhalb Stunden. Um halb zehn bin ich von Leipzig abgefahren[6] und gegen Mittag[7] in Dresden angekommen[8].

Hanna: Wie war deine Reise nach Dresden?

Alex:　Wunderbar ! Nach dem Mittagessen habe ich allein an der Busrundfahrt[9] durch die Stadt teilgenommen[10] und viele Sehenswürdigkeiten besichtigt[11]. Natürlich habe ich auch viel fotografiert.

　　　Am Abend konnte ich meine Bekannten treffen. Wir sind zusammen in ein Bierlokal[12] gegangen. Dort hatten wir eine sehr schöne Zeit.

本文の内容と一致している文に〇をつけましょう。

1　Alex はライプツィヒの大学で演劇学を専攻している。

2　Hanna は Alex の学校の友達である。

3　ライプツィヒからドレスデンまでバスで 2 時間 30 分ほどかかった。

4　ドレスデンでは知り合いといっしょに市内をバスで観光した。

5　写真はあまり撮らなかった。

6　夕食は知り合いと 2 人でビアホールで済ませた。

7　ドレスデンで宿泊し翌日、ライプツィヒに帰ってきた。

1) Dramaturgie 女「演劇学」 2) Kommilitonin 女「学友（女性形）」 3) Bekannten「知り合い」：形容詞 bekannt「知られている」の複数名詞化 4) treffen「会う」 5) dauerte ＜ dauern「持続する、続く」 6) abgefahren ＜ ab|fahren「出発する」 7) gegen Mittag「正午くらいに」 8) angekommen ＜ an|kommen「到着する」 9) Busrundfahrt「バスでの観光」 10) teilgenommen ＜ teil|nehmen「参加する」 11) besichtigt ＜ besichtigen「見学する」 12) Bierlokal 中「ビアホール」

《ドレスデンの見どころ》🎧
58

Wenn Sie nach Deutschland reisen, sollten[1] Sie unbedingt Dresden besuchen! Diese Stadt an der Elbe[2] wird wegen ihrer Schönheit[3] oft mit der italienischen Stadt Florenz[4] verglichen[5]. Da[6] sie lange Zeit die Hauptstadt[7] vom Königreich[8] Sachsen war, entstanden in der Stadtmitte[9] zahlreiche bedeutende Bauwerke[10] wie der Zwinger[11], die Semperoper[12] oder die Frauenkirche[13].

Der Zwinger, ein Gebäudekomplex[14] mit einem großen Barockgarten, wird jetzt als Museum benutzt. An der Semperoper, der Landesoper des Bundeslands Sachsen, wurden einst die Opern von Richard Wagner und Richard Strauß uraufgeführt[15]. Die Frauenkirche ist während des Zweiten Weltkriegs durch einen Luftangriff[16] zerstört worden. Sie blieb während der DDR[17] - Zeit eine Ruine[18] und wurde nach der Wende[19] erst 2005 wieder aufgebaut[20].

本文の内容と一致している文に○をつけましょう。

1 ドレスデンはエルベ川のほとりにある。

2 ドレスデンはその美しさからイタリアの都市フィレンツェにたとえられる。

3 長いあいだドレスデンはザクセン・アンハルト王国の首都であった。

4 ツヴィンガー宮殿は今は美術館として使われている。

5 ゼンパーオーパーはザクセン州の州立歌劇場である。

6 聖母教会は第二次世界大戦中に激しい空襲を受け破壊された。

7 聖母教会は「旧東ドイツ」によって修復された。

1) sollten「〜したほうがいい（sollen の接続法Ⅱ式）」 2) Elbe 女「エルベ川」 3) wegen ihrer Schönheit「その美しさのために」 4) der italienischen Stadt Florenz「イタリアの都市フィレンツェ」 5) verglichen < vergleichen「比較する」 6) da［従属接続詞］「〜だから」 7) Hauptstadt 女「首都」 8) Königreich「王国」 9) in der Stadtmitte「街の中心に」 10) Bauwerke 複 < Bauwerk 田「建築作品」 11) Zwinger 男「ツヴィンガー宮殿」 12) Semperoper 女「ゼンパーオーパー（Oper は歌劇場のこと）」 13) Frauenkirche 女「聖母教会」 14) Gebäudekomplex 男「複合建造物」 15) uraufgeführt < urauf|führen「初演する」 16) Luftangriff 女「空爆」 17) DDR (Deutsche Demokratische Republik) 女「ドイツ民主共和国（旧東ドイツ）」 18) Ruine 女「廃墟」 19) Wende 女「転換（旧東ドイツの崩壊と東西ドイツ統一の時期を指す）」 20) wieder aufgebaut < wieder auf|bauen「再建する」

《白雪姫》 🎧

Die Brüder Jakob und Wilhelm Grimm waren Forscher und Schriftsteller[1], die in der ersten Hälfte des 19. Jahrhunderts[2] viele deutsche Sagen und Legenden[3] sammelten[4] und in dem Buch „Kinder- und Hausmärchen"[5] zusammenfassten[6]. Darunter ist „Schneewittchen"[7] ohne Zweifel[8] eines der beliebtesten Märchen[9]. Der Inhalt[10] des Märchens lässt sich folgendermaßen zusammenfassen[11].

· ·

Die Königin[12] bekam[13] eine Tochter, die so weiß wie Schnee, so rot wie Blut[14] und so schwarz wie Ebenholz[15] war und deshalb[16] Schneewittchen genannt[17] wurde. Als[18] das Kind geboren war[19], starb[20] die Königin.

Ein Jahr später heiratete der König eine andere Frau, die sehr schön, aber auch stolz[21] und übermütig[22] war. Sie hatte einen wunderbaren Spiegel, der ihr immer die Wahrheit[23] sagte.

Schneewittchen wuchs heran[24] und wurde immer schöner, und als sie sieben Jahre alt war, war sie so schön wie der klare Tag[25] und schöner als die Königin selbst.

Einmal fragte die Königin ihren Spiegel: „Spieglein[26], Spieglein an der Wand, wer ist die Schönste im ganzen Land?" Da antwortete der Spiegel: „Frau Königin, Sie sind die Schönste hier, aber Schneewittchen ist tausendmal schöner als Sie." Da erschrak[27] die Königin und wurde gelb und grün[28] vor Neid[29].

本文の内容と一致している文に〇をつけましょう。

1　グリム兄弟は 19 世紀の後半に活躍した。

2　グリム兄弟はドイツの伝説や伝承を収集し、童話集としてまとめた。

3　白雪姫の母親は、彼女を生むとすぐに死んでしまった。

4　国王は美しく優しい女性と再婚した。

5　白雪姫は 7 歳になると、お妃より美しくなった。

6　鏡は、「白雪姫はあなたの 1000 倍も美しい」と言った。

7　お妃は妬みのために肌の色が黄色や緑に変わった。

1) Forscher und Schriftsteller「学者にして作家」　2) in der ersten Hälfte des 19. Jahrhunderts「19 世紀の前半に」　3) Sagen und Legenden「伝承と伝説」　4) sammelten < sammeln「集める」　5) „Kinder- und Hausmärchen"『子供と家庭のための童話集』　6) zusammenfassten < zusammen|fassen「まとめる」　7) Schneewittchen 田「白雪姫」　8) ohne Zweifel「疑いなしに」　9) eines der beliebtesten Märchen「最も人気があるメルヘンのひとつ」　10) Inhalt 男「内容」　11) lässt sich folgendermaßen zusammenfassen「次のようにまとめることができる」　12) Königin 女「お妃」　13) bekam < bekommen「得る」　14) Blut 田「血液」　15) Ebenholz 田「黒檀」　16) deshalb「だから」　17) genannt < nennen「呼ぶ」　18) als [従属接続詞]「～したとき」　19) geboren war「生まれた」　20) starb < sterben「死ぬ」　21) stolz「気位が高い」　22) übermütig「高慢な」　23) Wahrheit 女「真実」　24) wuchs...heran < heran|wachsen「成長する」　25) der klare Tag「晴れた日」　26) Spieglein 田：-lein は縮小語尾　27) erschrak < erschrecken「驚く」　28) wurde gelb und grün「血相を変える」　29) vor Neid「妬みのために」

文法補遺

不定詞の語尾が -n の動詞

不定詞の語尾が –n の動詞が少数あります。これらの動詞では主語が 1 人称複数 wir、3 人称複数 sie、2 人称敬称（単／複）Sie の場合、定動詞の語尾が不定詞の語尾と同じ -n になります。

tun する　handeln 行動する　wandern ハイキングする

	単数	tun	handeln	wandern	複数	tun	handeln	wandern
1 人称	ich	tu**e**	handl**e**	wander**e**	wir	tu**n**	handel**n**	wander**n**
2 人称（親称）	du	tu**st**	handel**st**	wander**st**	ihr	tu**t**	handel**t**	wander**t**
3 人称	er, sie, es	tu**t**	handel**t**	wander**t**	sie	tu**n**	handel**n**	wander**n**
2 人称（敬称）	Sie	tu**n**	handel**n**	wander**n**	Sie	tu**n**	handel**n**	wander**n**

☆ handeln のように -eln で終わる動詞は、主語が ich のとき、発音の関係で語幹の e を取り ich handle となることが多いです。

☆ wandern のように -ern で終わる動詞は、主語が ich のとき、発音の関係で語幹の e を取り ich wandre となることもあります。

否定文の作り方

不定冠詞類の kein は、不定冠詞のついた名詞や無冠詞の名詞の前に置かれ、多くは全文否定となります。それ以外では nicht を用いて否定文を作ります。nicht の使い方はおよそ次のようになります。

① 文の一部を否定するとき（部分否定）：nicht を否定する語句の前に置きます。

Ich kaufe **nicht** den Ring.　私が買うのはその指輪ではありません。（nicht は den Ring を否定）

② 動詞を否定するときは（全文否定）：nicht を文末に置きます。

Ich kaufe den Ring **nicht**.　私はその指輪を買いません。（nicht は定動詞 kaufe を否定）

ただし

ｉ）分離動詞の場合は nicht を文末の前綴りの前に置きます。

Ich gehe heute **nicht** aus.　私は今日、外出しません。

ii）助動詞を用いた文では nicht を文末の不定詞／過去分詞の前に置きます。

Man darf hier nicht fotografieren.　　ここで写真を撮ってはいけません。

Ich habe ihn nicht getroffen.　　私は彼に会いませんでした。

③ 形容詞／名詞が sein / werden の述語になっている場合には、nicht を形容詞／名詞の前に置きます。

Ich bin nicht krank.　　　　**Er ist nicht Arzt.**　　　　**Er wird nicht krank.**

私は病気ではありません。　　　　私は医者ではありません。　　　　彼は病気にはなりません。

④ 動詞と名詞が熟語のように用いられている場合には、nicht は名詞の前に置かれて全文否定になります。
「〜へ行く」などの表現も nicht は行き先の前に置かれて全文否定になります。

Ich spiele nicht Tennis.　　　**Sie spielt nicht Klavier.**　　　**Er geht nicht ins Kino.**

私はテニスをしません。　　　　彼女はピアノを弾きません。　　　　私は映画を見に行きません。

否定疑問文の答え方

否定疑問文に肯定文で答える場合は **doch** を、否定文で答える場合は **nein** を用います。

Sind Sie nicht Arzt?　　　　　　— **Doch**, ich bin Arzt.

あなたは医者ではないのですか。　　　　いいえ，私は医者です。

　　　　　　　　　　　　　　　　　　— **Nein**, ich bin nicht Arzt.

　　　　　　　　　　　　　　　　　　はい，私は医者ではありません。

疑問詞 wie

疑問詞 **wie** はさまざまな形容詞／副詞とともに用いられます。

Wie alt ist Ihr Vater?　　　　　　— Er ist 55 Jahre alt.

あなたのお父様はおいくつですか。　　　　彼は 55 歳です。

Wie viel kostet das?*　　これはいくらですか。　　　　　　*Was kostet das? という言い方もします。

Wie hoch ist der Berg Fuji?　　— Er ist 3776 Meter hoch.

富士山はどれくらいの高さですか。　　　　それは 3776 メートルの高さです。

Wie lange bleibst du in Japan?　— Ich bleibe 2 Monate hier.

君はどれくらい（の期間）日本にいますか。　　私はここに 2 ヶ月います。

非分離動詞

分離しない前つづり（非分離前つづり）を持つ動詞を非分離動詞といいます。非分離前つづりにはアクセントがありません。非分離前つづりは次の 7 つです。

be-	**emp-**	**ent-**	**er-**	**ge-**	**ver-**	**zer-**

bekommen「手に入れる」の現在人称変化

ich	**be**komme	wir	**be**kommen
du	**be**kommst	ihr	**be**kommt
er	**be**kommt	sie / Sie	**be**kommen

Wir **ver**stehen ihn nicht. 私たちは彼のことが理解できません。
Wem **ge**fallen die Schuhe? 誰がその靴を気に入っていますか。
Er **er**klärt dir das. 彼は君にそれを説明してくれます。
Entschuldigen Sie mich, bitte ! どうか許して下さい。

非人称の es

① 自然現象：英語の *It rains. / It is cold.* のように、自然現象を表す場合はドイツ語では非人称主語 es を用います。この es は省略できません。

Es regnet stark. 雨が強く降っています。 **Es** schneit viel. 雪がたくさん降っています。
Es ist heute kalt. / Heute ist **es** kalt. 今日は寒いです。 Heute ist kalt.（不可）

② 生理／心理現象：生理／心理現象の es は文頭以外では省略されます。

Es ist mir* kalt. / Mir ist kalt. 私は寒いです。 Ich bin kalt.（不可）
*mir「私にとって」: 3 格は「～にとって」という意味にもなります。

③ es の熟語：**es gibt** +[4 格]「…4 格がある」
wie geht es +[3 格]？ — **es geht** +[3 格]
「…3 格の調子はどうか」 —「…3 格の調子は～」

Es gibt in Japan viele Berge. 日本には山がたくさんあります。
Wie geht es dir? — Danke, **es geht** mir gut. 調子はどうだい。— ありがとう、調子はいいよ。

未来形

未来形では、werden が助動詞として用いられます。

werden の現在人称変化…不定詞（文末）

ドイツ語では単純な未来を表すときは現在形を用いるのが一般的です。未来形は主語の人称に応じて次のような意味でよく用いられます。

主語が 1 人称のとき：意志　Nächstes Jahr **werde** ich in die Türkei **reisen.**
来年、私はトルコへ旅行するつもりです。

主語が 2 人称のとき：命令　Du **wirst** jetzt ins Bett **gehen.**　お前はもう寝なさい。

主語が 3 人称のとき：推量　Mein Vater **wird** jetzt wohl im Garten **sein.**
私の父親は今、たぶん庭にいるでしょう。

指示代名詞 der

指示代名詞 der「それ」は、定冠詞や定関係代名詞とよく似た変化をします。

	男性	女性	中性	複数
1 格	**der**	**die**	**das**	**die**
2 格	**dessen**	**deren**	**dessen**	**deren**
3 格	**dem**	**der**	**dem**	**denen**
4 格	**den**	**die**	**das**	**die**

人称代名詞の代わりに用いられるほか、指示代名詞特有の使い方もあります。

① 人称代名詞の代わり：Kennen Sie den Mann?　— Ja, **den** kenne ich gut.
あなたはその男性を知っていますか。　—はい、**その方を**私はよく知っています。

② 名詞の重複を避ける：Mein Vater ist viel älter als **der** (der Vater) meines Freundes.
私の父親は私の友人の**父親**よりもずっと年上です。

③ 隣接指示 *　：Thomas geht mit seinem Freund und **dessen** Frau ins Theater.
Thomas は彼の友人と**その友人の**妻といっしょに演劇を観に行きます。

* 隣接指示：直前の同じ性の名詞を受けること

✠ 使役動詞

lassen は＜4格目的語・・・不定詞（文末）＞の形で「…4格に〜させる」という使役表現になります。

Ich lasse mein Kind der Mutter beim Kochen **helfen**.

            4格目的語   不定詞

    私は、私の子供に母親の料理を手伝わせます。

lassen の4格目的語は示されないこともあります。

Er lässt sein Motorrad **reparieren**.   彼は（誰かに）彼のオートバイを修理させます。

               不定詞

✠ 知覚動詞

hören「聞く（聴く）」、sehen「見る」などの知覚動詞は、＜4格・・・不定詞（文末）＞の形で「…4格が〜するのを見る / 聞く（聴く）」という意味になります。

Ich höre ein Mädchen ein Lied von Schubert schön **singen**.

            4格目的語   不定詞

    私はひとりの少女がシューベルトの歌曲を美しく歌うのを聴きます。

Wir sehen unsere Kinder im Park Fußball **spielen**.

            4格目的語   不定詞

    私たちは私たちの子供たちが公園でサッカーをするのを見ています。

✠ 現在分詞

現在分詞は不定詞に -d をつけて作ります。「〜しながら」「〜している」という意味になります。

weinen 泣く → weinen**d**   schlafen 眠っている → schlafen**d**

現在分詞は形容詞 / 副詞と同じように用います。名詞を修飾するときは格語尾をつけます。

Das Lied singt er **weinend**.   Kennen Sie das **weinend**e Kind?

    その歌を彼は泣きながら歌っています。   あなたはその泣いている子供を知っていますか。

Das auf dem Bett ruhig **schlafend**e Kind ist der Sohn meines Freundes.

    ベットで静かに眠っているその子供は私の友人の息子です。

※ 過去分詞

現在分詞と同様に、過去分詞も形容詞や副詞のような働きをします。他動詞の過去分詞は「～された」、移動や変化を表す自動詞の過去分詞は「～した」という意味になり、名詞を修飾するときは格語尾をつけます。

Wir haben das Lied tief **gerührt*** gehört.　　*geührt < rühren「感動させる」
私たちはその歌を深く**感動して**（**感動させられて**）聴きました。

das **gesperrt**e* Brücke　封鎖された橋　　*gesperrt < sperren

das von den Polizisten **gesperrt**e Brücke　それらの警察官たちによって封鎖された橋

der spät in der Nacht **angekommen**e Zug　夜遅くに到着した列車

※ 形容詞の比較級　熟語表現

① immer + 比較級 = 比較級 und 比較級　「ますます（だんだんと）～になる」

Es wird **immer wärmer.** = Es wird **wärmer und wärmer.**　ますます暖かくなる。

② je + 比較級 , desto + 比較級　「～すればするほど・・・」

Je älter man wird, **desto vernünftiger** wird man.　年をとればとるほど、人は分別がつく

おもな不規則動詞の変化表

不 定 詞	直説法現在	直説法過去	接続法第2式	過去分詞
beginnen 始める，始まる		**begann**	begänne (begönne)	**begonnen**
bieten 提供する		**bot**	böte	**geboten**
binden 結ぶ		**band**	bände	**gebunden**
bitten 頼む		**bat**	bäte	**gebeten**
bleiben とどまる		**blieb**	bliebe	**geblieben**
brechen 破る	*du* brichst *er* bricht	**brach**	bräche	**gebrochen**
bringen もたらす		**brachte**	brächte	**gebracht**
denken 考える		**dachte**	dächte	**gedacht**
dürfen ～してもよい	*ich* darf *du* darfst *er* darf	**durfte**	dürfte	**gedurft** **(dürfen)**
essen 食べる	*du* isst *er* isst	**aß**	äße	**gegessen**
fahren （乗り物で）行く	*du* fährst *er* fährt	**fuhr**	führe	**gefahren**
fallen 落ちる	*du* fällst *er* fällt	**fiel**	fiele	**gefallen**
fangen 捕まえる	*du* fängst *er* fängt	**fing**	finge	**gefangen**
finden 見つける		**fand**	fände	**gefunden**
fliegen 飛ぶ		**flog**	flöge	**geflogen**
geben 与える	*du* gibst *er* gibt	**gab**	gäbe	**gegeben**
gehen 行く		**ging**	ginge	**gegangen**
gelingen うまくいく		**gelang**	gelänge	**gelungen**
gelten 有効である	*du* giltst *er* gilt	**galt**	gölte	**gegolten**
genießen 楽しむ		**genoss**	genösse	**genossen**

不 定 詞	直説法現在	直説法過去	接続法第2式	過去分詞
geschehen 起こる	*es* geschieht	**geschah**	geschähe	**geschehen**
gewinnen 得る		**gewann**	gewänne (gewönne)	**gewonnen**
graben 掘る	*du* gräbst *er* gräbt	**grub**	grübe	**gegraben**
greifen つかむ		**griff**	griffe	**gegriffen**
haben 持っている	*du* hast *er* hat	**hatte**	hätte	**gehabt**
halten つかんでいる	*du* hältst *er* hält	**hielt**	hielte	**gehalten**
hängen かかっている		**hing**	hinge	**gehangen**
heißen ～と呼ばれる		**hieß**	hieße	**geheißen**
helfen 助ける	*du* hilfst *er* hilft	**half**	hülfe (hälfe)	**geholfen**
kennen 知る		**kannte**	kennte	**gekannt**
kommen 来る		**kam**	käme	**gekommen**
können ～できる	*ich* kann *du* kannst *er* kann	**konnte**	könnte	**gekonnt** **(können)**
laden 積む	*du* lädst *er* lädt	**lud**	lüde	**geladen**
lassen ～させる	*du* lässt *er* lässt	**ließ**	ließe	**gelassen** **(lassen)**
laufen 走る	*du* läufst *er* läuft	**lief**	liefe	**gelaufen**
lesen 読む	*du* liest *er* liest	**las**	läse	**gelesen**
liegen 横たわっている		**lag**	läge	**gelegen**
mögen 好きである ～かもしれない	*ich* mag *du* magst *er* mag	**mochte**	möchte	**gemocht** **(mögen)**
müssen ～しなければならない	*ich* muss *du* musst *er* muss	**musste**	müsste	**gemusst** **(müssen)**
nehmen 取る	*du* nimmst *er* nimmt	**nahm**	nähme	**genommen**

不 定 詞	直説法現在	直説法過去	接続法第2式	過去分詞
nennen 名を言う		**nannte**	nennte	**genannt**
raten 助言する	*du* rätst *er* rät	**riet**	riete	**geraten**
reiten 馬に乗る		**ritt**	ritte	**geritten**
rufen 呼ぶ		**rief**	riefe	**gerufen**
scheinen ～に見える，輝く		**schien**	schiene	**geschienen**
schlafen 眠っている	*du* schläfst *er* schläft	**schlief**	schliefe	**geschlafen**
schlagen 打つ	*du* schlägst *er* schlägt	**schlug**	schlüge	**geschlagen**
schließen 閉じる		**schloss**	schlösse	**geschlossen**
schneiden 切る		**schnitt**	schnitte	**geschnitten**
schreiben 書く		**schrieb**	schriebe	**geschrieben**
schreien 叫ぶ		**schrie**	schriee	**geschrie[e]n**
schweigen 黙る		**schwieg**	schwiege	**geschwiegen**
schwimmen 泳ぐ		**schwamm**	schwömme (schwämme)	**geschwommen**
sehen 見る	*du* siehst *er* sieht	**sah**	sähe	**gesehen**
sein ～である	*ich* bin *du* bist *er* ist	**war**	wäre	**gewesen**
singen 歌う		**sang**	sänge	**gesungen**
sinken 沈む		**sank**	sänke	**gesunken**
sitzen すわっている		**saß**	säße	**gesessen**
sollen ～すべきである	*ich* soll *du* sollst *er* soll	**sollte**	sollte	**gesollt** **(sollen)**
sprechen 話す	*du* sprichst *er* spricht	**sprach**	spräche	**gesprochen**

不 定 詞	直説法現在	直説法過去	接続法第2式	過去分詞
stehen 立っている		**stand**	stünde (stände)	**gestanden**
steigen 登る		**stieg**	stiege	**gestiegen**
sterben 死ぬ	*du* stirbst *er* stirbt	**starb**	stürbe	**gestorben**
tragen 運ぶ	*du* trägst *er* trägt	**trug**	trüge	**getragen**
treffen 出会う	*du* triffst *er* trifft	**traf**	träfe	**getroffen**
treiben 追う		**trieb**	triebe	**getrieben**
treten 歩む	*du* trittst *er* tritt	**trat**	träte	**getreten**
trinken 飲む		**trank**	tränke	**getrunken**
tun する	*ich* tue *du* tust *er* tut	**tat**	täte	**getan**
vergessen 忘れる	*du* vergisst *er* vergisst	**vergaß**	vergäße	**vergessen**
verlieren 失う		**verlor**	verlöre	**verloren**
verschwinden 消える		**verschwand**	verschwände	**verschwunden**
wachsen 成長する	*du* wächst *er* wächst	**wuchs**	wüchse	**gewachsen**
waschen 洗う	*du* wäschst *er* wäscht	**wusch**	wüsche	**gewaschen**
wenden 向ける		**wandte**	wendete	**gewandt**
werden ～になる	*du* wirst *er* wird	**wurde**	würde	**geworden** **(worden)**
werfen 投げる	*du* wirfst *er* wirft	**warf**	würfe	**geworfen**
wissen 知っている	*ich* weiß *du* weißt *er* weiß	**wusste**	wüsste	**gewusst**
wollen ～したい	*ich* will *du* willst *er* will	**wollte**	wollte	**gewollt** **(wollen)**
ziehen 引く		**zog**	zöge	**gezogen**

© 改訂版・ドイツ語を学ぼう！

2020 年 2 月 1 日　初版発行　　定価 本体 2,500 円（税別）
2023 年 2 月 1 日　改訂版初版発行

編著者　　石　原　竹　彦
　　　　　南　　は　る　つ
発行者　　近　藤　孝　夫
印刷所　　萩原印刷株式会社

発行所　　株式会社　同　学　社
〒 112-0005　東 京 都 文 京 区 水 道 1-10-7
電話 (03) 3816-7011 (代表)　振替 00150-7-166920

ISBN 978-4-8102-0895-5　　　　Printed in Japan

APOLLON

第4版

責任編集執筆者

根本 道也
恒吉 良隆
成田 克史
福元 圭太
重竹 芳江
堺 雅志
嶋﨑 啓

アポロン
独和辞典

Deutsch-Japanisches Wörterbuch

ドイツ語を
もっと楽しく

▶ 初心者に優しくていねいに

▶ ５万語をコンパクトに凝縮

▶ 新しい見出し語もふんだんに

▶ 美しい紙面・手堅い構成

▶ 多彩な写真とイラスト

▶ ドイツ情報満載

▶ 新旧正書法に完全対応

同学社
ISBN978-4-8102-0007-2
B6判・1864頁・箱入り・2色刷
定価 本体 4,200 円 (税別)

[本文見本]
hüsteln

サール (Edmund *Husserl* 1859–1938; ドイツの哲学者).

hüs・teln [ヒューステルン hý:stəln] 圓 (h) 軽いせきをする, 軽くせきばらいする.

*__hus・ten__ Ⓐ2 [フーステン hú:stən] du hustest, er hustet (hustete, hat ... gehustet) **I** 圓 (完了 haben) ❶ せきをする. (英 cough). Er *hustet* schon tagelang. 彼はもう何日もせきをしている / diskret husten (合図として:)そっとせきばらいする / auf 物4 husten《俗》物4を問題にしない. ❷《口語》(エンジンが)ノッキングする.
II 他 (完了 haben)(たんなど物4を)せきをして吐き出す. Blut4 husten 喀血(かっ)する, せきをして血を吐く / Ich *werde* dir eins *husten*!《俗》おまえの言うとおりになどするものか.

Hus・ten Ⓐ1 [フーステン hú:stən] 男 –s/– 《ふつう 単》せき. Keuch*husten* 百日ぜき / trockener *Husten* 乾性せき, からぜき / Ich habe *Husten*. 私はせきが出ます.

Hus・ten:an・fall [フーステン・アンふァる] 男 –[e]s/..fälle せきの発作.

Hus・ten:bon・bon [フーステン・ボンボン] 男 –s/–s せき止めキャンデー, のどあめ.

Hus・ten:mit・tel [フーステン・ミッテる] 田 –s/– せき止め薬.

hus・te・te [フーステテ] husten (せきをする)の 過去

Hu・sum [フーズム hú:zʊm] 田 –s/ 《都市名》フーズム(ドイツ, シュレースヴィヒ・ホルシュタイン州の港町: ☞ 地図 D-1).

***der **Hut** Ⓑ1 [フート hú:t]

帽子

▶ 046

Mein Hut *fliegt* weg !
　　マイン　フート　ふりークト　ヴェック
私の帽子が飛んでいく.

男 (単2) –es (まれに –s)/(複) Hüte [ヒューテ] (3格のみ Hüten) ❶ (縁のある)帽子. (英 hat). (☜メモ「縁のない帽子」は Mütze). Stroh*hut* 麦わら帽 / Sie trägt einen schicken Hut. 彼女はシックな帽子をかぶっている / den Hut ab|nehmen (auf|setzen) 帽子を脱ぐ(かぶる) / den Hut lüften 帽子をちょっと上げてあいさつする / Hut ab vor dieser Leistung!《口語》この業績はりっぱなものだ(←この業績の前で脱帽!) / vor 人3 den Hut ziehen 人3に敬意を払う / Das ist ein alter Hut.《口語》それはもう古くさい話だ.
◇《前置詞とともに》Das kannst du dir an den Hut stecken.《口語》そんなものはいらないよ, 君が持っていればいい(←自分の帽子にでも差しておけ) / mit 人・物3 nichts am Hut haben 人・物3とはかかわりたくない / eins4 auf den Hut bekommen《口語》a) 一発なぐられる, b)《比》ひどくしかられる / 軍4 aus dem Hut machen 《口語》軍4をその場でやってのける / Mit dem Hut[e] in der Hand kommt man durch das

ganze Land.《ことわざ》腰を低くすればうまくいくものだ(←帽子を脱いで手に持てば, 国中を渡り歩ける) / alle4 unter einen Hut bringen《口語》全員を一致(調和)させる. ❷ (帽子状のもの:)《植》きのこの傘.

Hut　　　　　Zylinder

Schirmmütze　　Zipfelmütze　　Badekappe (Bademütze)

帽子のいろいろ

Hut[2] [フート] 囡 –/ 《雅》❶ 保護, 監督. in guter Hut sein よく保管(保護)されている. ❷ 用心, 警戒. bei (または vor) 人・物3 auf der Hut sein 人・物3を警戒している.

Hut:ab・la・ge [フート・アップらーゲ] 囡 –/–n 帽子棚.

Hü・te [ヒューテ] Hut[1] (帽子)の 複

hü・ten [ヒューテン hý:tən] du hütest, er hütet (hütete, hat ... gehütet) **I** 他 (h) (人・物4の)番をする, 見張る, 守る. Kühe4 hüten 牛の番をする / Kinder4 hüten 子供たちのお守りをする / das Bett4 hüten 病気で床についている / ein Geheimnis4 hüten 《比》秘密を守る.
II 再帰 (h) sich4 hüten 用心する, 気をつける. sich4 vor Ansteckung hüten (病気の)感染に用心する / Hüte dich, dass du nicht... …しないように気をつけなさい. ◇《zu 不定詞[句]とともに》Ich *werde* mich *hüten*, ihm das zu sagen. 彼にこのことを言うのはやめておこう.

Hü・ter [ヒュータァ hý:tɐ] 男 –s/– ❶《雅》番人, 監視人. der *Hüter* des Gesetzes《戯》警官(←法律の番人). ❷《スポ》ゴールキーパー (＝Tor*hüter*).

hü・te・te [ヒューテテ] hüten (番をする)の 過去

Hut:krem・pe [フート・クレンペ] 囡 –/–n (帽子の)つば.

Hut:schnur [フート・シュヌーァ] 囡 –/..schnüre 帽子の飾りひも(ベルト). Das geht mir über die Hutschnur!《口語》それはあんまりだ!

*_die_ **Hüt・te** [ヒュッテ hýtə] 囡 (単) –/(複) –n ❶ 小屋, あばら屋; ヒュッテ, 山小屋, スキーロッジ (＝Ski*hütte*). (英 hut). Wir übernachteten in einer Hütte. 私たちは山小屋に泊まった / Hier lasst uns *Hütten* bauen!《口語》ここに落ち着く(定住する)ことにしよう. ❷《海》後甲板船室, 船尾楼. ❸ 精錬所.

Hut・ten [フッテン hútən] –s/《人名》フッテン (Ulrich von *Hutten* 1488–1523; ドイツの人文主義者. 宗教改革を支持した).

◆◆◆◆ 新しい見出し語もふんだんに ◆◆◆◆

Bür·ger∕ver·si·che·rung ［ビュルガァ・
フェアズィッヒェルング］女 -/-en 国民保険.

Co·ro·na∕kri·se, Co·ro·na-Kri·se ［コ
ローナ・クリーゼ］女 -/ コロナ危機, コロナ禍.

Dash∕cam ［ダッシュ・ケム］［英］女 -/-s ドライ
ブレコーダー.

Geis·ter∕spiel ［ガイスタァ・シュピーる］中
-[e]s/-e 《口語》(スポーツで:)無観客試合; 客席
ががらがらの試合.

Ge·sund·heits∕kar·te ［ゲズントハイツ・カル
テ］女 -/-n (保険証としての)健康保険カード.

han·dy∕frei ［ヘンディ・フライ］形 携帯電話使
用禁止の.

Hass∕ver·bre·chen ［ハス・フェアブレッヒェン］
中 -s/- ヘイトクライム(人種・宗教などへの偏見から
引き起こされる犯罪行為).

Jah·res∕wa·gen ［ヤーレス・ヴァーゲン］男-s/-
(1年程度使用しただけの)新車並みの中古車.

Lie·fer∕droh·ne ［リーファァ・ドローネ］女 -/
-n (商品・物資の)配送ドローン.

li·ken ［らイケン láikən］［英］自 (h)∕他 (h) (ソー
シャルネットワークで:)([物⁴に])「いいね!」ボタンをク
リックする, 「いいね」する.

Mi·gra·ti·ons∕hin·ter·grund ［ミグラツィ
オーンス・ヒンタァグルント］男 -[e]s/..gründe 移

民のルーツ(背景). (⇨「ドイツ・ミニ情報 25」, ページ
下).

Ori·ga·mi ［オリガーミ origá:mi］中 -[s]/ 折り
紙.

pos·ten ［ポーステン pó:stən］他 (h) 《ｺﾝﾋﾟｭ》(コメ
ントなど⁴を)ネット上に)投稿する.

Roll∕kof·fer ［ろる・コッふァァ］男 -s/- キャリー
バッグ, トロリーケース(伸縮ハンドル・キャスター付きの旅
行かばん).

Sa·shi·mi ［ザシーミ zaʃí:mi］［サ.. sá..］男 -s/
-s 刺身.

selbst∕fah·rend ［ぜるプスト・ふァーレント］形
《自動車》自動運転の(車・バスなど).

Shit∕storm ［シット・ストーァム］［英］男 -s/-s
《ｺﾝﾋﾟｭ》(インターネット上の)炎上.

Tem·po·mat ［テンポマート tɛmpomá:t］男
-[e]s (または -en)/-e[n] 《商標》《自動車》定
速走行装置, クルーズコントロール. (⇨ **Tempo**
と **Automat** との合成語).

Was·ser·stoff∕ge·sell·schaft ［ヴァッサァ
シュトふ・ゲぜるシャふト］女 -/-en 水素社会(水
素を主要なエネルギー源として日常生活や産業活動に活
用する社会システム).

Wut∕bür·ger ［ヴート・ビュルガァ］男 -s/-《口
語》(新聞業界で:)怒れる市民. (女性形: -in).

◆◆◆◆ 多彩な写真とイラスト ◆◆◆◆

Drehorgel

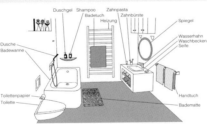
Badezimmer

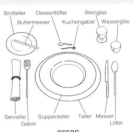
essen

◆◆ ドイツ・ミニ情報 アポロンとアルテミスのドイツ案内 ◆◆

大学 Universität

🎭 2000年以降の教育改革で, 大学制度は大
きく変わったわね.

🎭 うん. バチェラーコース, マスターコースの新設が
あった. これはヨーロッパ共通の大学環境整備を
目指すボローニャ改革(1999年)で定められた目標
の一部だ. これによりドイツの大学にもバチェ
ラー, マスターという二段階の学位コースが導入さ
れた. バチェラは日本やアメリカの「学士」に, マ
スターは「修士」に相当する. 新制度のマスター
は従来の総合大学のディプロームやマギスターとほ
ぼ同レベルの学位だ.

🎭 「博士」はどうなってるの.

🎭 博士の学位を取ろうとするなら, まずマスターコー
スを修了するのが一般的だ. 学位取得の方法は

いくつかあって, 指導を受けたい教授に願い出て
内諾を受け, 大学の承認が得られれば博士号
取得を目指す学生として指導を受けることができ
る. ほかに, 大学によっては研究プログラムに学生
を組み入れて博士を育成する所もあれば, カリキュ
ラムに沿って博士課程教育を行う所もある.

🎭 私も挑戦して
みようかな.

🎭 やってごらん.
大事なのは研
究への強い意
志を持つことだ.

講義風景

＊付きの重要名詞は定冠詞付き

カナ発音ですぐ読める

ネットで聞ける音声トラック

イントネーションが一目でわかる100例文

重要名詞の単数2格と複数形は詳しく

原意を添えて理解を助ける

関連する情報を詳しく

重要度を＊の数で表す

ヨーロッパ言語共通参照枠のレベル

重要名詞の複数3格形

英語同意語

前置詞句はアルファベット順

単数2格と複数形

女性形の作り方

関連する情報

表紙裏の地図上の位置

前置詞の結び付く格

完了の助動詞の使い分け:
(h)はhaben, (s)はsein

＊＊＊der **Baum** Ⓐ1 [バオム báʊm]

木

▶ 009

Der Baum hat viele Blüten.
デァ バオム ハット ふィーれ ブリューテン
その木はたくさんの花をつけている.

男 (単2) -es (まれに -s)/(複) Bäume [ボイメ] (3格のみ Bäumen) ❶ 木, 樹木, 立ち木. (英 *tree*). Nadel*baum* 針葉樹 / ein alter *Baum* 老木 / … / Auf einen Hieb fällt kein *Baum.* 《ことわざ》大事業は一挙にはできない(←一打で倒れる木はない) / den Wald vor lauter *Bäumen* nicht sehen 《戯》個々のものにとらわれて …

メモ ドイツでよく見かける木: der **Ahorn** かえで / der **Apfelbaum** りんごの木 / die **Birke** しらかば / die **Birne** 梨の木 / die **Buche** ぶな / …

＊＊die **Bäu·me** [ボイメ bóymə] Baum (木)の複 Der Taifun hat viele *Bäume* entwurzelt. その台風は多くの木々を根こそぎにした.

＊＊＊der **Mit·tag**¹ Ⓐ1 [ミッターク mítaːk]

正午 Bald ist es *Mittag.*
バるト イスト エス ミッターク
間もなくお昼です.

男 (単2) -s/(複) -e (3格のみ -en) ❶ 正午, [真]昼. (英 *noon*). Vor*mittag* 午前 / Nach*mittag* 午後 / Montag*mittag* 月曜日の正午 / ein heißer *Mittag* 暑い昼どき / eines *Mittags* ある日の昼[ごろ]に / heute *Mittag* きょうの正午に / **am** *Mittag* 正午に, 昼に / **gegen** *Mittag* 昼ごろ / **im** *Mittag* des Lebens 《比》人生の最盛期に / **über** *Mittag* 昼どきに / **zu** *Mittag* essen 昼食を食べる. …

Mit·tag² [ミッターク] 中 -s/(口語) 昼食.

Mit·schü·ler [ミット・シューらァ] 男 -s/-(小・中学校などの)同級生, 学校の友だち. (女性形: -in). メモ「大学での学友」は Kommilitone.

Schub·fach [シューブ・ふァッハ] 中 -[e]s/..fächer 引き出し(＝Schublade).

Aa·chen [アーヘン áːxən] 中 -s/《都市名》アーヘン(ドイツ, ノルトライン・ヴェストふァーレン州. 大聖堂にカール大帝の墓がある: 🗺地図 C-3).

＊＊＊**trotz** Ⓑ1 [トロッツ tróts] 前 《2格(まれに3格)とともに》…にもかかわらず, …なのに. (英 *in spite of*). Wir gingen *trotz* des Regens spazieren. 私たちは雨にもかかわらず散歩に出かけた …

flo·rie·ren [ふろリーレン floríːrən] 自 (h) (商売・学問などが)栄える, 繁栄する.

◆◆◆◆◆◆◆◆ ドイツ語学習の即戦力 ◆◆◆◆◆◆◆◆

⁺⁺⁺hel·fen⁺ Ⓐ1 [へるふェン hélfən]

助ける	Ich *helfe* dir.
	イヒ へるふェ ディア
	君に手を貸してあげよう.

人称	囲	圏	
1	ich helfe	wir	helfen
2	du hilfst	ihr	helft
3	er hilft	sie	helfen

(2 人称敬称囲・圏: Sie helfen)

すぐ使える例文 600 以上

最重要動詞は人称変化表付き

変化形の注目点は太字と赤字

重要動詞の過去基本形・完了形

(half, hat ... geholfen) 自 (完了 haben) ❶〘3
格とともに〙(人³を)助ける, 手伝う. (英 help).
Er *hilft* mir finanziell. 彼は経済的に私を …
◇〘前置詞とともに〙人³ **auf** die Beine *helfen*
a) 人³を助け起こす, b) (経済的・医学的に) 人³
を再起させる / 人³ **bei** 囲 *helfen* 人³が囲³をす
るのを手伝う ⇨Er *hilft* mir bei der Arbeit.
彼は私の仕事を手伝って …

文法上の留意点

> 類語 **helfen**:「助ける, 手伝う」の意味で用いられる
> 最も一般的な語. **bei|stehen**: (難しい状況にある人
> を親身になって)助ける, 支援する. **unterstützen**:
> (人を助言などにより …)支援する, 援助する.

類語の細かい使い分け

動詞と結び付く前置詞

⁺wi·schen … ❶〘A⁴ **von** (または **aus**) B³〙
(A⁴ を B³ から)ふき取る, ぬぐい取る.
人³ (sich³) die Tränen⁴ aus den Augen *wi-
schen* 人³の(自分の)目から涙をぬぐう …

⁺vor|le·sen⁺ [ふォーァ・れーゼン fóːɐ̯·leːzən]
du liest ... vor, er liest ... vor (las ... vor, hat ... vor-
gelesen) 他 (完了 haben) (人³に)囲⁴を)読んで
聞かせる, 朗読する.

重要動詞の不規則な現在人称変化

⁺⁺jung Ⓐ1 [ユング júŋ]

若い	Wir sind noch *jung*.
	ヴィァ ズィント ノッホ ユング
	われわれはまだ若い.

重要形容詞の不規則な比較変化

形 (比較 jünger, 最上 jüngst) (英 young) ❶
若い. (反意「年とった」は alt). die *jungen* Leu-
te 若い人たち / ein *junger* Mann 若い男性 …

反意語

Be·hin·der·te[r] [ベ・ヒンダァテ (..タァ) bə-
híndɐtə (..tɐ)] 男 女 〘語尾変化は形容詞と同じ〙
《官庁》身体(精神)障害者. (注意 behinderte
Person または behinderter Mensch または Menschen
mit Behinderung と言うほうが好ましい).

語尾変化することを表す

使用上の注意

⁺⁺*die* Ach·tung Ⓐ1 [アハトゥング áxtʊŋ] 女
(単) –/ ❶ 尊敬, 尊重. (英 respect). …

▶ achtung>gebietend

現在のつづり方による見出し語に導く

**ach·tung·ge·bie·tend, Ach·tung ge-
bie·tend** [アハトゥング・ゲビーテント] 形 尊敬の
念をいだかせるような(業績など) …

二通りのつづり方が可能

spa·zie·ren ge·hen⁺ ☞ spazieren

現在のつづり方による用例へ導く

be·wah·ren [ベ・ヴァーレン bə-váːrən] (be-
… ◇〘目的語なしでも〙[Gott] *bewahre*◇!
〘◇bewahren の 接1〙とんでもない, そんなばかな.
(☞ 類語 schützen). …

接続法の解説

豊富な巻末付録

◆◆◆◆◆◆ ドイツ語発信の基本ツール ◆◆◆◆◆◆

I. 和独の部 から

教える [[～に～を]] 囚⁴ 囲⁴ lehren; 授業をする
Unterricht geben*. ☞ 言う, 示す, 知らせる.
// ドイツ語を教える Deutschunterricht geben*. ——— 動詞が何と結びつくかがわかる

おじさん おじ・(よその)おじさん der Onkel.

惜しむ [[～を]] 大切に使う mit 囲³ sparsam
um|gehen*. ☞ 残念に思う. ——— 用例が表現の幅を広げる

おしゃべり ❶ 雑談 die Plauderei. ❷ 口数
の多い人 der Schwätzer. ——— 類語で最適のドイツ語を見つける

おしゃべりする 雑談する plaudern; [[～と]]
歓談する sich⁴ [mit 囚³] unterhalten*. ——— 日本語の意味ごとに訳語がある

おしゃれな しゃれた schick; 洗練された elegant;
上品な vornehm. ——— 不規則変化動詞にもすぐ気づく

II. 日常会話 から

9. レストラン (Restaurant) ▶ 140

A: すみません, メニューをください.
　 Entschuldigung, die
　 Speisekarte bitte!

B: お持ちしました, どうぞ.
　 Hier, bitte sehr!

——— ○ ——— ○ ———

B: 何になさいますか?
　 Sie wünschen?

A: ポテトサラダにします.
　 Ich nehme einen Kartoffelsalat.

B: お飲みものはいかがですか?
　 Möchten Sie etwas trinken?

A: はい, ビールを1杯ください.
　 Ja, bitte ein Bier.

——— ○ ——— ○ ———

A: すみません, 勘定をお願いします.
　 Entschuldigung, kann ich zahlen?

III. メールの書き方 から

1. メール (E-Mail) (文例の内容は家族写真の送付)

An Thomas_paul@luebeck.apoll.de	[Empfänger 受信者]	
Von Katia@campus.lmu.de	[Absender 送信者]	
Kopie erika@mann.ac.de	[CC]	
Betreff Familienfoto	[件名]	

件名は簡潔に, 必ず書こう.

件名の例: Gruß aus ... (地名)
…からのご挨拶 / Eine Bitte
(Textkorrektur) お願い(文章修
正) / Gute Besserung! お大事
に / [Eine] Frage zu ... (または
Fragen zu ...) …に関するお尋ね
など.

Lieber* Thomas,

vielen Dank für deine Mail! Ich war übers Wochenende
bei meinen Eltern. Ich schicke dir ein Foto von uns.
Wann kann ich dich wiedersehen?

Liebe Grüße
Deine* Katia

mit_eltern.jpg　　　　　　[Anhang 添付ファイル]

本文も要領よくまとめよう.

冒頭に呼びかけとして相手の名前,
末尾に結語と自分の名前を忘れ
ずに.

(メモ) 「親愛なる」を意味する lieber は男性の受取人への呼びかけに付ける形. 相手に対する親愛の情や敬意
を表す場合は差出人名の前で男性には dein, 女性には deine を付ける.

◆◆◆◆◆◆ ドイツをもっと知るために ◆◆◆◆◆◆

IV. 音楽用語 から

(A) 音部記号 (**Noten‿schlüssel** 男 –s/–)
G-Schlüssel ト音記号 (下図 1a, 以下同様).
F-Schlüssel ヘ音記号 (1b).

(B) 音符 (**Note** 女 –/–n)
ganze Note 全音符 (2a).
halbe Note 2分音符 (2b).
Viertel‿note 4分音符 (2c).
Achtel‿note 8分音符 (2d).
Sechzehntel‿note 16分音符 (2e).

(C) 休符 (**Pause** 女 –/–n)
ganze Pause 全休符 (3a).
halbe Pause 2分休符 (3b).
Viertel‿pause 4分休符 (3c).
Achtel‿pause 8分休符 (3d).
Sechzehntel‿pause 16分休符 (3e).

1a　1b　2a　2b　2c　2d　2e　3a　3b　3c　3d　3e

V. 環境用語 から

Bio‿diversität 女 生物多様性.
Bio‿gas 中 バイオガス.
Bio‿kraftwerk 中 バイオマス発電所.
Bio‿kost 女 自然食品.
Bio‿laden 男 自然食品(雑貨・化粧品)店.
biologisch abbaubar 形 有機分解できる.
biologisch-dynamisch 形 (農薬を使わない)
　　自然農法の, 無農薬の.
Bio‿masse 女 バイオマス.
Bio[‿]müll 男 ＝Bioabfall
Bio‿produkte 複 (主に食品で)オーガニック製品.
Bio‿siegel 中 (ドイツ政府認定の)オーガニック認
　　証マーク.

オーガニック認証マーク

VI. 福祉用語 から

Elternzeit 女 育児休業[期間].
**Evangelisches Werk für Diakonie und
　Entwicklung** 中 ドイツ福音派教会社会奉
　仕団(ドイツの6大福祉団体の一つ, 略: EWDE).

F

familienentlastender Dienst 男 (福祉団
　体などによる)家族負担軽減サービス(主に障害児を
　持つ家庭を対象とし, 様々な余暇活動を提供するサービ
　ス).

Pflege 女 介護.
pflege‿bedürftig 形 介護の必要な.
Pflege‿bedürftige[r] 男 女 要介護者.
Pflege‿bedürftigkeit 女 要介護[状態].
Pflege‿dienst 男 介護サービス業[務].
Pflege‿fachkraft 女 介護専門職.
Pflege‿geld 中 (介護保険の)介護手当.
Pflege‿heim 中 介護ホーム.
Pflege‿hilfsmittel 中 介護補助器具.
Pflege‿kasse 女 介護保険[組合](ドイツの公的介
　護保険の保険者).

VII. 歴史年表 から

2018 10.	メルケル, 2021年任期満了での政界引退を表明		
2020 1.	イギリス, **EU を離脱** EU-Austritt des Vereinigten Königreiches (Brexit)	2020 2021	新型コロナ, 世界に蔓延 東京オリンピック・パラリンピック
2021 12.	ショルツ(SPD), 連邦首相に就任		

ほかに　建築様式／ドイツの言語・政治機構・歴史／ヨーロッパ連合(EU)と欧州共通
通貨ユーロ(Euro)／発音について／最新の正書法のポイント／文法表／動詞変化表

推薦の言葉

デジタルの時代にこそ紙の辞書を　　　　　　　　保阪　靖人

『アポロン独和』が改訂された。「今度はどんなアプローチなのか」と辞典に携わった経験者としては興味津々であった。文のイントネーション表記や音楽用語、対話形式のドイツ情報など新たな試みが満載だ。もちろん初学者に「優しくていねい」は今まで通り。デジタルの時代だからこそ「じっくり読む」紙の辞書が求められている。手元に置いて語や文の豊かな意味や用法を参照するのにうってつけの辞書である。　　（日本大学教授）

図鑑のようにめくってみよう　　　　　　　　　　山本　佳樹

子どものころ、動物図鑑や植物図鑑をめくりながら時を忘れたことはないだろうか。単語の意味を調べるだけなら電子辞書やアプリでも事足りるかもしれない。しかし、未知の世界に想いを馳せたいなら、やっぱり紙の辞書にかぎる。アポロンを図鑑のようにめくってみよう。アップデートされた単語や例文、工夫されたコラムや付録が、ときめく出会いを待っている。発音も聴けるようになった。ここからドイツ語の冒険に羽ばたこう。
　　（大阪大学教授）

ついつい読みふけってしまう素晴らしい辞典／事典　　清野　智昭

危ない、危ない。知らない単語を引いただけなのに、ついつい読みふけってしまう。執筆者の仕掛けに身を任せて、ドイツ語の大海に漕ぎ出そう。語の意味や用法の記述が正確なのは当然として、例文はどれも考え抜かれ、暗記すれば正しい語感が身につくように工夫されている。類義語との微妙な意味の違いもわかる。圧巻は巻末の「付録」。音楽用語や建築様式まで載っている。アポロン［第4版］。素晴らしい辞典／事典が誕生した。
　　（学習院大学教授）

太陽神のごとく！　　　　　　　　　　　　　　　小黒　康正

手元の独和辞典で Nationalsozialismus を引いてみよう。英和や仏和辞典の対応語の項目でも、国語辞典の「ナチス」や「ナチズム」の項目でもよい。実は、高校の教科書で採用されておらず、専門家がほとんど使わない「国家社会主義」という訳語が大半だ。その中で『アポロン』は「国民社会主義」という訳語をいち早く採用。何という剛毅果断！進取の気性に富むこの辞書は、日本の辞書の歴史において、太陽神のごとく光を放つ。
　　（九州大学教授）

イントネーションを視覚的に捉えて単語を覚えよう　　生駒　美喜

新しく習ったドイツ語の単語や表現で例文を作り、ノートに書いて発音する。このようにして文字と音声の両方で語彙を覚えていくことを私は学生に勧めている。『アポロン独和辞典第4版』では、キーセンテンスとなる例文が豊富で、音声を聞き、イントネーションを視覚的に捉えることができる。この辞典を用いれば、学習者が生きたドイツ語を効果的に身に着けることができると確信している。
　　（早稲田大学教授）

責任編集執筆者	根本道也	恒吉良隆	成田克史	福元圭太	重竹芳江	堺　雅志	嶋﨑　啓
執　筆　者	吉中幸平	有村隆広	新保弼彬	本田義昭	鈴木敦典	MICHEL, Wolfgang	
	安藤秀國	米沢　充					
協　力　者	RUDE, Markus	HOLST, Sven	GODZIK, Maren				
	REICHART, André	DEL CASTILLO, Susana		横山　淳子			

〒112-0005　東京都文京区水道 1-10-7　　**同学社**　　TEL 03-3816-7011　　FAX 03-3816-7044
https://www.dogakusha.co.jp/